T0243603

PAN COMIDO

MARTÍN BERASATEGUI (Donostia, 1960), el único cocinero español con doce estrellas Michelin, es uno de los grandes del panorama internacional por méritos propios. La enorme inquietud y pasión que siempre ha demostrado por su trabajo le han situado en lo más alto y solo aspira a seguir disfrutando de lo que realmente le gusta: guisar y transmitir su saber a las nuevas generaciones. También en el terreno de la cocina doméstica; por algo el tesoro más preciado de Martín son su familia y amigos, a quienes gusta agasajar con sus recetas.

No es de extrañar que uno de sus mayores logros en su dilatada carrera haya sido el reconocimiento de su ciudad y el cariño de sus vecinos, que, como él, consideran capitales los asuntos del comer y del beber.

Para saber más sobre el autor:

www.martinberasategui.com

DAVID DE JORGE E. nació el 4 de octubre de 1970 en Hondarribia. Inquieto por naturaleza, se atreve a meter el morro en otros fogones derrochando sabiduría gastronómica y goce alimenticio en fantásticas piezas que publica en varios medios y soportes: escribe para *El Correo* y *Diario Vasco*, ha colaborado en ETB2, Tele5, La Sexta, en las radios Onda Cero, RNE, Cadena SER y Radio Euskadi, y alimenta un blog llamado *Atracón a mano armada*. En el sello editorial Debate ha publicado *Con la cocina no se juega* (2010), *Más de 999 recetas sin bobadas* (2012), *Más de 100 recetas adelgazantes pero sabrosas* (2014) y *Cocina sin vergüenza* (2020), estos tres últimos en coautoría con Martín Berasategui. Formado en algunos de los restaurantes más prestigiosos del mundo, ha cocinado junto a maestros como Arbelaitz, Guérard, Chibois, Subijana o Berasategui, de quien además es socio.

Para saber más sobre el autor:

www.daviddejorge.com

DAVID DE JORGE
MARTÍN BERASATEGUI

PAN COMIDO

Más recetas sin vergüenza

Papel certificado por el Forest Stewardship Council®

Penguin
Random House
Grupo Editorial

Primera edición: noviembre de 2021
Primera reimpresión: noviembre de 2021

© 2021, Gourmandia Gastronomía, S. L.
© 2021, Penguin Random House Grupo Editorial, S. A. U.
Travessera de Gràcia, 47-49. 08021 Barcelona
Ilustraciones de Javirroyo
Diseño de cubierta e interiores: Penguin Random House Grupo Editorial/Andreu Barberan

Printed in Spain – Impreso en España

ISBN: 978-84-18056-94-9
Depósito legal: B-15.164-2021

Compuesto en M. I. Maquetación S. L.
Impreso en Gómez Aparicio, S. L.
Casarrubuelos (Madrid)

C 0 5 6 9 4 9

ÍNDICE

POSTRES

PINCHOS, ENSALADAS, BOCADILLOS, SOPAS, PASTAS, ARROCES Y HUEVOS

TARTA DE CEBOLLA Y QUESO

n.º de comensales: 4

Ingredientes

- 1 base de masa quebrada o de hojaldre
- 6 cebolletas tiernas
- 2 dientes de ajo
- 3 huevos
- 125 ml de nata líquida
- 150 g de queso de cabra fresco (rulo o similar)
- tomillo fresco
- aceite de oliva
- sal y pimienta molida

Elaboración

1. Encender con antelación el horno a 200 °C.

2. Podemos encontrar la masa quebrada o de hojaldre en el comercio ya elaborada y estirada. Bastará con untar un molde redondo de fondo desmontable con una pizca de mantequilla y espolvorearlo con un poco de harina. Entonces, acomodamos la masa en el fondo del molde, apretando bien en todo su perímetro y recortando el sobrante.

3. Meter el fondo de la tarta en el horno y hornearlo 8-10 min, el tiempo justo para que la masa se cueza ligeramente, sin que coja color.

4. Sacarlo del horno y dejarlo enfriar metido en su molde.

5. Mientras, cortar las cebolletas en tiras finas y picar los dientes de ajo.

6. Con una pizca de aceite de oliva o mantequilla, sofreír las cebolletas y los ajos con una pizca de sal, hasta que se doren ligeramente.

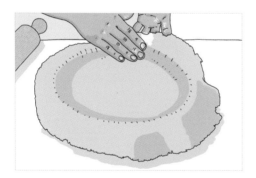

Acabado y presentación

- Mezclar los huevos y la nata en un bol, y salpimentar la preparación.

- Colocar el sofrito de cebolla y ajo en el fondo de tarta horneado y esparcir el queso desmenuzado con las manos por encima.

- Espolvorear unas hojas de tomillo, deshechas con las yemas de los dedos, verter la mezcla batida sobre el molde y hornear durante unos 20 min, hasta que aparezca una costra apetitosa y bien dorada.

- Sacar la tarta del horno y dejar que se temple ligeramente.

TRUCO

Para evitar que la mezcla se derrame del molde en el viaje desde la encimera hasta el horno, conviene hacerlo siempre en la misma boca del horno, apoyando la base en la bandeja y derramando la mezcla poco a poco.

BUÑUELOS DE BACALAO TRADICIONALES

n.º de comensales: 4

Ingredientes

Aceite de ajo:

- 300 ml de aceite de oliva virgen extra
- 320 g de dientes de ajo pelados
- un puñado de hojas de perejil

Buñuelos de bacalao:

- 300 g de lomos de bacalao desalados
- 100 g de patata cocida con piel
- 180 ml de aceite de ajo
- 30 ml de agua caliente
- 200 g de harina de tempura
- 330 ml de agua fría

Elaboración

Aceite de ajo:

1. Partir los dientes de ajo en dos y quitarles el germen.

2. Colocar el ajo, el perejil y el aceite en un cazo y arrimarlo sobre el fuego muy suave.

3. Cuando empieza a burbujear, retirarlo del fuego y reposarlo.

4. Una vez frío, filtrarlo y listo.

Buñuelos de bacalao:

1. Cocer el bacalao partiendo de agua fría en una cazuela a fuego suave, hasta que las láminas se separen. Escurrirlo.

2. Limpiarlo de piel y espinas y escurrirlo bien sobre una bandeja.

3. Pelar la patata y pasarla por el pasapuré.

4. Mezclar la patata con el bacalao en caliente en un bol y trabajarlo con las manos o una cuchara de madera.

5. Agregar el aceite de ajo y el agua caliente.

6. Ponerlo a punto de sal y reservarlo en la nevera.

7. Una vez frío, trabajar la masa y convertirla en pequeñas bolas del tamaño de una nuez pequeña.

Acabado y presentación

- Para la tempura, mezclar el agua fría con la harina de tempura con la ayuda de una varilla.

- Poner abundante aceite de oliva en una sartén y arrimarlo al fuego para freír los buñuelos.

- Para finalizar, pasar las pequeñas bolas de bacalao por la tempura y freírlas en el aceite de oliva caliente.

- Escurrir los buñuelos sobre papel absorbente y servirlos recién hechos.

TRUCO

El aceite de ajo sobrante sirve para guisar en la cocina otras preparaciones y darle un punto bien sabroso a nuestras elaboraciones. Los ajos de elaborar el aceite, reducidos a puré, podremos congelarlos y añadirlos en nuestros sofritos.

HUEVOS RELLENOS

n.º de comensales: 4

Ingredientes

- 10 huevos cocidos
- 50 g de salmón ahumado
- 150 g de bonito en aceite de oliva
- 1 chorrete del líquido de pepinillos en vinagre
- 1 cucharada de pepinillos en vinagre picados
- 80 g de salsa mahonesa
- 1 cucharada hermosa de kétchup
- un chorrete de zumo de limón
- un chorrete de salsa Worcestershire
- 1 ramillete de perejil picado
- 1 cuña de parmesano

Elaboración

1. Meter los huevos crudos en una cazuela bien amplia, cubrirlos de agua fría y añadir un buen puñado de sal, arrimándolos a fuego suave. En el momento que veamos que arranca la ebullición, bastará con ajustar el fuego para que el hervor sea pausado y suave, bien constante, y contar unos 9-10 min desde el momento en el que veamos aparecer los borbotones.

2. Escurrir los huevos, dejarlos enfriar y pelarlos.

3. Partir los huevos en dos y reservar por un lado las claras para rellenar y las yemas por el otro, metidas en un bol. Reservar 4 yemas enteras que utilizaremos para la decoración final.

4. Sobre una tabla, con un cuchillo bien afilado, picar el salmón en dados bien finos y añadirlo sobre las 6 yemas.

5. Desmenuzar el bonito con las manos e incorporarlo al bol, mezclándolo todo con la ayuda de las púas de un tenedor, removiendo bien.

6. Añadir el resto de ingredientes, el líquido de los pepinillos, los pepinillos, la salsa mahonesa, el kétchup, el zumo de limón, la salsa Worcestershire y el perejil picado.

7. Remover integrando bien los elementos y rectificar la sazón con cuidado, teniendo en cuenta que finalmente los rallaremos con el queso, que le dará también buena sazón.

8. Enfriar la mezcla antes de rellenar los huevos.

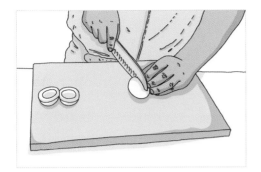

Acabado y presentación

- Una vez el relleno esté frío, colocarlo en el hueco de las claras de huevo cocidas, repartidas en una bandeja.

- Rallar encima el queso y las yemas de huevo cocidas y reservadas, dándole un punto vistoso de pincho de barra de bar elegante.

TRUCO

Una vez que los huevos están recién cocidos, es una buena astucia refrescarlos rápidamente en la pila del fregadero con abundante agua o, aún mejor, sumergirlos en un baño de agua helada para detener la cocción y que las yemas no oscurezcan al corte.

ENSALADA DE LÁMINAS DE BACALAO, ESCALIBADA Y ROMESCO

n.º de comensales: 4

Ingredientes

Escalibada:

- 8 pimientos rojos
- 5 pimientos verdes
- 3 berenjenas
- 2 cebollas
- 1 cabeza de ajos
- aceite de oliva virgen extra
- sal

- 1 kg de tomate
- 200 g de cebolla
- 1/2 pimiento rojo
- 1 cabeza de ajos
- 6 ñoras
- 250 ml de aceite de oliva virgen extra
- vinagre de Jerez

Salsa romesco:

- 120 g de pan
- 110 g de avellanas
- 110 g de almendras

Láminas de bacalao:

- 1 lomo de bacalao desalado de 250 g
- 50 ml de aceite de oliva

Elaboración

Escalibada:

1. Asar todas las verduras, ya pringadas de aceite y sal, en el horno a 180 °C hasta que estén tiernas.

2. Dejarlas enfriar para poder manipularlas sin quemarnos y quitarles la piel.

3. Una vez limpias, rasgarlas en tiras con las manos y meterlas en un bol, aliñándolas con una pizca de aceite de oliva virgen extra.

4. Rectificar el sazonamiento y reservar.

Salsa romesco:

1. En una fuente de horno, poner los tomates, la cebolla, los ajos, el aceite y la sal y hornear 30 min a 150 °C.

2. Dorar también los frutos secos y el pan en el horno o en una sartén antiadherente a fuego suave.

3. Mezclar todos los ingredientes en el vaso de una batidora y accionar a la máxima potencia, triturando bien y añadiendo en fino hilo el aceite de oliva para que ligue y emulsione la salsa.

4. Rectificar la sazón.

Láminas de bacalao:

1. Partir en 2 trozos de 125 g el bacalao y meterlos en una bolsa de vacío junto con el aceite.

2. Cocinarlos al baño maría a 50 °C durante 8 min.

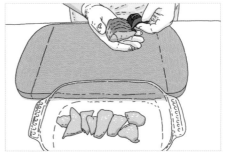

Acabado y presentación

- Abrir la bolsa de vacío y con cuidado separar el bacalao en lascas, retirando la piel.

- Colocar en el fondo del plato la escalibada aliñada y sobre ella, las lascas de bacalao tibias recién desgajadas.

- Acompañar con la salsa romesco.

TRUCO

La piel retirada al bacalao puede picarse y añadirse a la escalibada, para que gane en sabor y untuosidad. Una parte del aceite de confitar el bacalao puede añadirse también a la salsa romesco para que quede aún más ligada y apetitosa.

TERRINA FRÍA DE POLLO Y *FOIE GRAS*

n.º de comensales: 4

Ingredientes

Cocción del pollo:

- 6 pechugas de pollo limpias de piel y grasa
- 15 g de sal
- 10 g de pimienta rota

Cocción del *foie gras*:

- 2 hígados de pato frescos
- 20 g de sal
- 20 g de pimienta rota
- 500 ml de vino de Oporto
- 1,5 litros de caldo de carne

Vinagreta:

- 50 g de vinagre balsámico
- 1 cucharada de jugo de carne
- 135 ml de aceite de oliva virgen
- 35 g de chalota finamente picada
- 35 g de puerro finamente picado
- 1 cucharada de perejil finamente picado

Acabado:

- un puñado de hojas de lechuga frescas
- 1 cucharada de vinagreta
- sal

Elaboración

Cocción del pollo:

1. Salpimentar las pechugas, envasarlas al vacío y cocinarlas en una roner o al baño maría a una temperatura controlada de 65 °C durante 10 horas. Una vez cocidas, desmenuzarlas.

Cocción del *foie gras*:

1. Remojar con anterioridad los hígados crudos en agua con hielos durante 4 horas.

2. Pasado ese tiempo, escurrirlos y salpimentarlos, cubrirlos de Oporto y dejarlos así 12 horas más para que cojan sazón.

3. En una cazuela baja poner a hervir el caldo y apartarlo del fuego. En cuanto llegue a 80 °C, sumergir los hígados escurridos y mantenerlos a esa temperatura durante 7 min por cada lado.

4. Pasados los 7 min, escurrirlos del caldo y enfriarlos ligeramente en la nevera.

5. Cuando los podamos manipular sin romperlos ni quemarnos, envolverlos en papel film dándoles forma de embutido alargado. Dejarlos enfriar en la nevera.

Montaje de la terrina:

1. Preparar un molde de 27 × 14 × 10 cm forrado de papel film o sulfurizado para poder desmoldarlo.

2. Cortar el *foie gras* en bandas de 1 cm de grosor con ayuda de un cuchillo afilado, pasando el filo por agua caliente para hacerlo con mayor limpieza.

3. Comenzar el montaje de la terrina. Para ello, colocar en el fondo una capa de medio centímetro de pollo desmenuzado, presionando bien con el dorso de una espátula. Seguir con una banda de *foie gras* cubriendo bien el pollo y haciendo los remiendos necesarios.

4. Repetir la operación 3 veces más y terminar cerrando con una capa de pollo, de modo que quedarán 3 capas de *foie gras* y 4 de pollo.

5. Para terminar, cerrar con el papel film o sulfurizado, colocar peso encima de la terrina y reservarla al menos 2 horas en la nevera para que quede bien prensada y no se desmorone al cortarla.

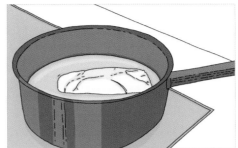

Acabado y presentación

- Para la vinagreta, mezclar el vinagre con el jugo e ir emulsionando con una varilla, batiendo mientras añadimos en hilo el aceite de oliva. Añadir la chalota, el puerro y el perejil picado.

- Una vez pasado el tiempo de reposo de la terrina, desmoldarla bien compacta y cortarla en láminas de un dedo de grosor, ayudados de un cuchillo bien afilado.

- Aliñar las hojas de la lechuga con un toque de aceite y sal, pintar la terrina con la vinagreta por ambas caras y depositarla sobre un plato.

- Colocar sobre ella las lechugas aliñadas y rociar con una pizca más de vinagreta.

TRUCO

Es un trabajo que requiere paciencia, ¡pero vale la pena!
Para darle más valor, en época de trufa negra, intercalar unas láminas y añadir unos pistachos tostados o avellanas

SOPA «TUKU-TUKU» DE PUERROS

n.º de comensales: 4

Ingredientes

Sopa:

- 1 kg de blanco de puerro
- 150 g de patatas
- atadillo de hierbas (verde de puerro, laurel, perejil y cáscara de limón)
- 50 g de mantequilla
- 2 litros de agua o caldo de verduras
- 4 ostras abiertas
- 1 cucharada sopera de crema *raifort*
- 50 ml de leche

Tartar de pescado:

- 100 g de rape fresco
- 100 g de salmón fresco
- 1 chalota
- 1 lima
- una pizca de jengibre rallado
- aceite de oliva virgen
- cebollino picado

Yogur aderezado:

- 100 ml de yogur natural
- 1 cucharada de mostaza
- 1 lima

Elaboración:

1. Cortar fino el blanco de puerro con la ayuda de un cuchillo afilado sobre una tabla.

2. Hacer lo mismo con las patatas, bien peladas y lavadas, y trocearlas en dados.

3. Formar el atadillo de hierbas, encerrando el laurel, el perejil y la cáscara de limón en la hoja lavada de verde de puerro, atando todo bien prieto con un pedazo de hilo de cocina.

4. En una olla arrimada a fuego suave, sofreír durante 15 min los puerros, las patatas y la mantequilla, salpimentando y añadiendo el atadillo de hierbas.

5. Añadir el agua caliente o el caldo y cocer suave y tapado durante 25 min.

6. Pasados los 25 min, retirar del fuego y dejar enfriar ligeramente.

7. En el momento en que esté templada, meter la sopa en el vaso de una batidora y accionar a máxima potencia, introduciendo por el hueco las ostras, el *raifort* y la leche.

8. Rectificar la sazón.

Acabado y presentación

- Sobre una tabla limpia y con un cuchillo muy afilado, picar el rape y el salmón en dados, y colocar la carne en un bol.

- Picar la chalota y añadirla al mismo bol, e incorporar la ralladura y el zumo de la lima, una pizca de jengibre rallado, el aceite de oliva y el cebollino.

- Salpimentar generosamente y reservar en la nevera.

- Además, mezclar el yogur con la mostaza y la ralladura de lima, salpimentando generosamente.

- Servir la sopa caliente o fría, con el tartar de pescado en el centro del plato y una generosa cucharada del yogur aderezado.

TRUCO

En vez de triturar todas las ostras con la sopa, podemos integrar un par de ellas en el tartar de pescado para que quede aún más sabroso y yodado.

SÁNDWICH DE JAMÓN IBÉRICO, MOZZARELLA Y VINAGRETA DE HIERBAS

n.º de comensales: 4

Ingredientes

Sándwich:

- 4 rebanadas de pan de molde sin corteza
- 60 g de jamón ibérico
- 100 g de mozzarella de búfala
- 25 g de mantequilla en pomada
- 40 ml de vinagreta de hierbas (por cada sándwich)

Vinagreta de hierbas:

- 2 huevos
- 20 g de mostaza de Dijon
- 140 ml de aceite de oliva virgen extra
- 600 ml de caldo reducido a 60 ml
- 40 g de miga de pan de brioche remojada en leche y escurrida
- 15 g de hojas de perejil
- 15 g de cebollino
- 10 g de hojas de perifollo
- 40 g de alcaparras
- 30 g de pepinillos en vinagre
- 15 ml de vinagre de sidra
- sal

Elaboración

Vinagreta de hierbas:

1. Cocer los huevos a partir de agua hirviendo con sal durante 3 min.

2. Pasado el tiempo, sacarlos del agua y refrescarlos en un bol con agua y hielo para cortar la cocción. Las yemas deben quedar crudas. Pelarlos y reservarlos.

3. Triturar todos los ingredientes en el vaso de una batidora americana salvo el aceite, que añadiremos poco a poco para ir emulsionando la vinagreta.

4. Por último, poner a punto de sal cuidadosamente, teniendo en cuenta que el sándwich lleva jamón y suele estar subido de sazón.

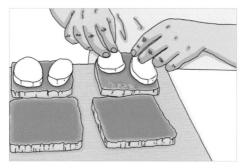

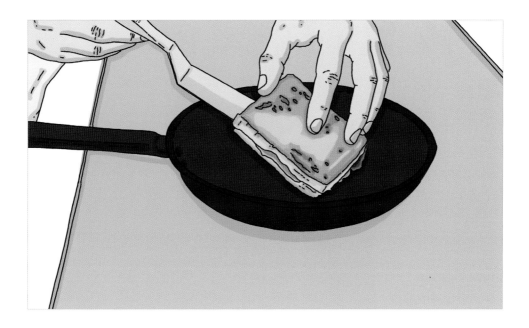

Acabado y presentación:

- Para rematar el sándwich, untar una cara de los panes con la mantequilla en pomada.

- Darles la vuelta y sobre las mismas, estirar 20 ml de vinagreta de hierbas.

- Añadir la mozzarella cortada en finas láminas, el jamón y en las otras tapas añadir otros 20 ml de vinagreta de hierbas.

- Montar unas con otras siempre dejando la cara con mantequilla hacia fuera.

- Tostar los sándwiches en una sartén antiadherente a fuego muy suave durante 3 min por cada lado, hasta que queden bien dorados por fuera y jugosos por dentro.

TRUCO

Si es necesario, antes de cortarlos y servirlos, hornearlos durante 1 min con el horno precalentado a 180 °C para dejarlos aún más fundentes.

SOPA PORRUSALDA DE ALMENDRA CON VIEIRAS

n.° de comensales: 4

Ingredientes

- 8 vieiras limpias

Caldo:

- 500 ml de agua
- 150 g de patata tipo roseval cortada en dados
- 150 g de jamón serrano en dados

Acabado de la sopa:

- 250 ml de caldo que ha quedado
- 50 g de patata cocida que ha quedado
- 75 g de mantequilla
- 150 ml de nata
- 50 g de almendra en polvo

Rebozado de yema:

- 2 yemas de huevo cocidas
- 60 g de perejil picado
- 1 lomo de anchoa en aceite de oliva
- 1 diente de ajo

Elaboración

1. Para el caldo, reunir en un cazo todos los ingredientes y arrimarlos a fuego muy suave hasta que comience el hervor. Tenerlo así, a fuego muy suave, hasta que reduzca a la mitad y, una vez colado, se obtengan 250 ml de líquido.

2. Entonces, verter sobre los 250 ml de ese caldo la patata cocida y rescatada, y levantar de nuevo el hervor.

3. En el momento en que hierva, verter la mezcla en el vaso de una batidora americana y accionarla a la máxima potencia, mientras se añaden por la boca de la batidora la mantequilla a temperatura ambiente y la nata.

4. Volver a poner la mezcla al fuego y, cuando arranque de nuevo el hervor, siempre a fuego muy pausado, incorporar el polvo de almendra, remover y cubrir con una tapa, dejando en infusión 15 min más.

5. Pasado este tiempo, poner de nuevo la mezcla en la batidora de vaso y accionar la máxima potencia, colando dos o tres veces a través de un colador fino de malla metálica, sin presionar mucho para que la sopa resultante sea lisa y poco grumosa.

6. Si somos muy exigentes y queremos que el resultado sea extraordinario, podemos pasar la mezcla a través de una licuadora y quedará aún más fina y elegante.

Acabado y presentación

- Para el rebozado de yema, picar minuciosamente todos los ingredientes y reunirlos en un bol, mezclando cuidadosamente y añadiendo una vuelta del molino de pimienta.

- En una sartén antiadherente, dorar a fuego vivo las vieiras salpimentadas por sus dos caras, dejándolas doradas en el exterior y muy jugosas y tiernas en su interior, sin secarlas para que estén rosadas.

- Escurrirlas, embadurnarlas en el rebozado de yema recién hecho para que se impregnen bien de condimento y colocarlas en el fondo de varios platos hondos.

- Acompañar con la porrusalda de almendras.

TRUCO

Esta sopa queda extraordinaria tanto si la servimos caliente, fría o a temperatura ambiente.
Las rebarbas y los corales de limpiar las vieras, bien lavados en agua y escurridos, sin arena ni impurezas, sirven para hacer caldos y jugos de extraordinaria calidad.

TOSTA DE CABEZA DE JABALÍ Y SALSA TÁRTARA

n.º de comensales: 4

Ingredientes

Salsa tártara:
- 1 chalota
- 1 ramillete pequeño de perejil
- 20 g de alcaparras
- 20 g de pepinillos
- 150 ml de salsa mahonesa
- 1 cucharadita de zumo de limón
- ½ cucharadita de curri
- aceite de oliva virgen extra
- sal y pimienta recién molida

Tosta:
- 4 rebanadas de pan
- 8 lonchas finas de cabeza de jabalí

Elaboración

1. Pelar la chalota y, con ayuda de un cuchillo bien afilado, picarla hasta convertirla en un picadillo muy menudo.

2. Poner la chalota en un colador y lavarla con agua fría, colocándola directamente debajo del chorro para quitarle el gusto a crudo. Secarla con un paño o papel de cocina y presionar para eliminar el exceso de humedad.

3. Sobre la misma tabla y con el mismo cuchillo, picar el ramillete de perejil y reservarlo en un bol pequeño.

4. Hacer lo mismo con las alcaparras y los pepinillos: picarlos menudamente y reservarlos en un bol.

5. En un bol más grande, incorporar la salsa mahonesa y la chalota, la mostaza, el zumo, el perejil, las alcaparras, los pepinillos y el curri y rematar con un pellizco de sal y una vuelta de molinillo de pimienta, removiendo bien.

Acabado y presentación

- Tostar las rebanadas de pan de forma que queden crujientes por fuera y jugosas y nada secas por dentro.

- Embadurnarlas con la salsa recién hecha para que queden bien pringosas y apetitosas, y cubrirlas con las lonchas de cabeza de jabalí, haciendo volumen.

- Terminarlas con algunos brotes de hierbas o, en su defecto, laminar un espárrago verde crudo con ayuda de un pelador de patatas, en bandas anchas, finas y crujientes y desperdigarlas por encima de las tostas de pan.

- Regarlas con un hilo de aceite de oliva virgen extra.

TRUCO

Es aconsejable sacar la cabeza de jabalí un rato antes de la nevera para que esté a temperatura ambiente, pues resulta mucho más jugosa y tierna.

RISOTTO DE COLIFLOR Y RÚCULA

n.º de comensales: 4

Ingredientes

- 1 litro de caldo de carne o de verduras
- 1 cebolleta picada
- 2 dientes de ajo
- 100 g de jamón cocido picado
- una pizca de nuez moscada
- 1 coliflor pequeña
- 300 g de arroz de grano redondo
- un chorro de vino blanco seco
- dos puñados generosos de rúcula limpia
- 1 cucharada de queso mascarpone
- 2 cucharadas de queso comté rallado
- cebollino picado
- 1 cucharada de nata líquida
- 1 limón
- aceite de oliva

Elaboración

1. Partir la coliflor en ramilletes y lavarlos muy bien.

2. Dividir la mitad de la coliflor en ramilletes muy pequeños, que reservaremos.

3. Laminar cuidadosamente el resto de ramilletes más grandes con ayuda de una mandolina hasta reducirlos a láminas bien finas.

4. Sumergir estas láminas en agua con abundante hielo para que se ricen y queden crocantes, pues con ellas, escurridas, haremos al final una ensalada.

5. Tener el caldo caliente en una olla.

6. En un puchero ancho y bajo para hacer arroces, sofreír la cebolleta con el ajo hasta que se ablanden. Entonces, añadir el jamón y una pizca de nuez moscada, dando vueltas con una cuchara de madera.

7. Volcar el arroz y perlarlo, es decir, sofreírlo muy suavemente durante unos minutos hasta que el grano quede translúcido y con un aspecto nacarado.

8. En ese instante, añadir los ramilletes pequeños de coliflor cruda y remover añadiendo el vino, que dejaremos reducir unos instantes.

9. Sazonar ligeramente y añadir el caldo poco a poco, guisando el arroz unos 16 min sin dejar de dar vueltas con una cuchara de palo.

Acabado y presentación

- Escurrir la coliflor sumergida en el baño de agua helada y, en un bol, aliñarla con el cebollino picado, el aceite, la nata, una pizca de ralladura de limón y un chorrito de zumo, dar unas vueltas y rectificar la sazón.

- Un minuto antes de terminar la cocción del arroz, comprobar que el grano ofrece una ligera resistencia a la mordida y está en su punto.

- Añadir la rúcula troceada toscamente y dar vueltas para que se integre en el arroz, añadiendo fuera del fuego los quesos y un hilo fino de aceite de oliva.

- Añadir pimienta con generosidad.

- Tener la coliflor escurrida y seca, y aliñarla con cebollino, aceite, nata, zumo de limón y ralladura.

- Desperdigar la coliflor aliñada sobre el arroz recién ligado y servir.

TRUCO

Si no somos muy amigos de la coliflor, podemos sustituirla en la receta por romanesco, brócoli, bimi o incluso calabaza, aplicando los mismos métodos de elaboración para obtener los matices de cada verdura.

GOFRE DE ALBAHACA Y NUECES

n.º de comensales: 4

Ingredientes

Agua de albahaca:
- 1 litro de agua
- 1 cucharadita de bicarbonato
- 250 g de hojas de albahaca

Gofre de albahaca y nueces:
- 200 ml de leche
- 270 g de mantequilla
- 1 g de esencia de vainilla
- 135 ml de agua de albahaca
- 270 g de harina tamizada
- 100 ml de clara de huevo
- 30 g de azúcar
- 1 g de sal

Acabado:
- nueces peladas
- queso tierno de vaca en dados de 1 x 1 cm

Elaboración

Agua de albahaca:

1. Colocar el agua en un cazo, hervirla y añadirle el bicarbonato.

2. Sumergir la albahaca durante 10 segundos y enfriarla en agua con hielo. Una vez fría, escurrirla presionando para eliminar el exceso de humedad.

3. Pesar las hojas de albahaca y completar con el mismo peso del agua de refresco.

4. Introducir todo en el vaso de una batidora y accionar a la máxima potencia.

5. Pasar por un filtro fino de papel o estameña. Reservar en la nevera hasta su uso, bien tapada.

Gofre:

1. Hervir en una cacerola la leche y la mantequilla, y añadir la esencia de vainilla fuera del fuego. Entibiar.

2. Una vez templada, añadir el agua de albahaca y la harina en forma de lluvia, mezclando con unas varillas.

3. En otro bol, montar a punto de nieve las claras con el azúcar y la sal.

4. Incorporar delicadamente las claras a la masa recién hecha para que quede bien esponjosa.

5. Dejar reposar la mezcla bien tapada con papel film a temperatura ambiente unos 30 min.

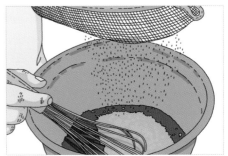

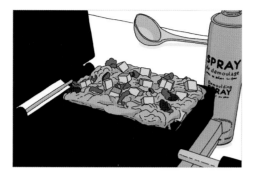 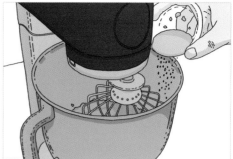

Acabado y presentación

- Precalentar la máquina de gofres a 180 °C.

- Pringar la superficie interior del aparato con un pincel impregnado en mantequilla derretida.

- Cubrir las planchas de la máquina con la masa en cantidad suficiente para que salga un gofre grueso y esponjoso.

- Antes de cerrar el aparato, cubrir la superficie de la masa con los dados de queso y las nueces peladas.

- Dorar el gofre hasta que coja color durante 6-8 min.

- Abrir el aparato, despegar el gofre ayudándonos de la punta de un cuchillo y dejarlo reposar sobre una rejilla durante 10 min antes de comerlo.

- Hacer tantos gofres como lo permita la cantidad de masa, hasta terminarla.

TRUCO

No se recomienda limpiar la máquina de gofres con jabón, pues suele dañar el recubrimiento antiadherente. Si nos quedase algún resto de grasa o de masa muy pegado, introducir durante unos segundos un trapo húmedo entre las dos planchas de la máquina aún caliente, cerrar y rápidamente pasar un papel de cocina.

RULOS DE COGOLLO, ANCHOAS Y ESCABECHE

n.º de comensales: 4

Ingredientes

Rulos de cogollo:

- 3 lechugas romanas
- 3 g de sal

Vinagreta de ajo:

- 300 ml de aceite de oliva virgen extra
- 30 ml de vinagre de Jerez
- 40 g de dientes de ajo fritos
- 5 g de sal
- 10 g de hojas de perejil

Cocción de los cogollos:

- 3 cogollos frescos
- vinagreta de ajo

Pasta de anchoas:

- 100 g de dientes de ajo pelados
- 100 g de anchoa en salazón
- 300 ml de aceite de oliva suave

Jugo de escabeche:

- 500 g de cebolla en tiras finas
- 300 g de zanahorias
- 100 g de ajo aplastado
- 600 ml de aceite de oliva virgen extra
- 8 g de tomillo
- una punta de laurel
- 5 g de pimienta negra en grano
- 1 litro de caldo de pollo reducido a 500 ml
- 5 g de sal

Papada adobada:

- papada adobada curada ibérica en láminas muy finas

Elaboración

Rulos de cogollo:

1. Deshojar las lechugas y escaldarlas rápidamente en agua hirviendo con sal, y enfriarlas en agua con hielo.

2. Escurrirlas y extenderlas sobre una tabla, secarlas y retirarles el tallo a lo largo con ayuda de un cuchillo bien afilado.

3. Colocar las hojas de lechuga sobre rectángulos de papel sulfurizado para poder hacer cómodamente los rulos.

Vinagreta de ajo:

1. Triturar todos los ingredientes.

Cocción de los cogollos:

1. Embadurnar los cogollos en la vinagreta de ajo y envasarlos en una bolsa de vacío.

2. Cocerlos en agua puesta al fuego que no alcance nunca el hervor, a 90 °C, durante 1 h.

3. Pasado ese tiempo, refrescar la bolsa de cocción en agua con abundante hielo.

Pasta de anchoas :

1. Blanquear el ajo 3 veces partiendo de agua fría, hirviendo 3 min a golpe de fuego.

2. Meter los ajos blanqueados y las anchoas en el vaso de una batidora con un poco de aceite y triturar haciendo un puré.

3. Añadir el resto del aceite para que emulsione la mezcla y quede una pasta bien lisa.

Jugo de escabeche:

1. Pochar las verduras con la sal durante 30 min a fuego muy suave, y añadir las hierbas aromáticas, la pimienta y el caldo.

2. Cocer durante 30 min más, retirar y dejar reposar hasta que entibie.

3. Triturar y convertir el escabeche en una crema.

 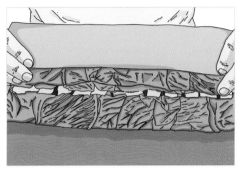

Acabado y presentación

- Para el montaje del rulo, sobre las hojas de lechuga blanqueadas y estiradas, extender una fina capa de pasta de anchoas, unas láminas muy finas de papada curada y volver a untar con pasta de anchoas.

- Sobre esto, disponer una línea de cogollos cocinados y refrescados, en cuartos, salpimentar y extender otro trazo de pasta de anchoas.

- Formar un rulo bien prensado con la lechuga, como si estuviéramos haciendo un maki japonés, y dejarlo reposar bien prieto en la nevera, encerrado en papel film.

- Una vez bien frío, cortarlo en trozos de 2 cm y colocarlos en una bandeja con papel sulfurizado, calentarlos ligeramente unos minutos en el microondas o en el horno a 180 °C para que se entibien ligeramente en el interior.

- Colocarlos en un plato y servirlos con la salsa de escabeche tibia.

TRUCO

La vinagreta, la pasta de anchoas y el escabeche pueden servir para aliñar ensaladas de patata, verdura, tomates o pasta, o para untar en bocadillos de fiambre, ahumados o bonito.

CREMA DE CASTAÑAS CON SETAS

Ingredientes

Caldo:

- 2 chalotas
- un trozo de apio en rama
- 2 zanahorias
- 1 muslo de pollo
- 2 litros de agua

Crema de castañas con setas:

- 80 g de cebolla picada
- 50 g de mantequilla
- 200 g de variado de setas finas
- 300 g de castañas peladas
- 1,5 litros de caldo
- 100 ml de nata líquida

Elaboración

Caldo:

1. Pelar, picar la verdura y añadirla al fondo de una olla junto al pollo.

2. Cubrir con el agua. Arrimar a fuego suave y, cuando rompa el hervor, bajar al mínimo y cocer durante 30 min.

3. Pasado ese tiempo, colar el caldo y eliminar el exceso de grasa.

Crema de castañas:

1. En una olla, sofreír la cebolla con la mantequilla y una pizca de sal durante 10 min. Añadir las setas finas bien limpias y troceadas finamente a cuchillo y darles unas vueltas 10 min más.

2. Incorporar las castañas, mojar con el caldo y cocer a fuego suave durante 40 min.

3. Una vez pasados los 40 min, triturar con ayuda de una batidora de vaso hasta obtener una crema lisa y untuosa. Si queremos que la crema quede aún más aterciopelada, pasarla a través de un colador de malla.

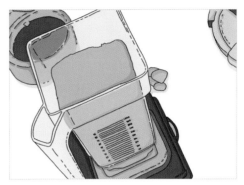

Acabado y presentación

- Poner en marcha de nuevo la batidora y añadir la nata hervida, sin dejar de batir. Rectificar el sazonamiento si fuera necesario con una pizca de sal y pimienta recién molida.

- Guarnecer con unas pocas setas salteadas y unas lascas crudas de castaña cortadas bien finas.

TRUCO

Variar las setas en función de la potencia que queramos proporcionar a la crema, jugando con morillas, champiñones, *Boletus*, trompetas de la muerte o setas de cardo.

PASTA PUNTALETTE CON HONGOS Y JAMÓN IBÉRICO

n.º de comensales: 4

Ingredientes

- 80 g de cebolleta picada
- 30 g de mantequilla
- 320 g de pasta tipo puntalette
- 100 g de jamón ibérico muy picado
- 100 g de hongos *Boletus edulis*
- 50 ml de txakolí
- 800 ml de caldo de carne caliente
- 80 ml de nata semimontada
- 40 g de queso rallado curado
- 40 g de queso mascarpone
- 1 cucharada sopera de aceite de oliva virgen extra
- cebollino picado
- sal y pimienta

Elaboración

1. En una cacerola ancha y baja rehogar la cebolleta, picada finamente, en la mantequilla sin que llegue a dorar y sin dejar de dar vueltas para que quede translúcida y suelte toda el agua.

2. Entonces, como si estuviéramos haciendo un risotto, añadir la pasta y sofreírla a fuego muy suave para perlar el grano y dejarlo brillante y translúcido.

3. Añadir el jamón ibérico y los hongos bien limpios y en dados, dejando que se sofrían perfectamente por espacio de 5 min. Tener la precaución de limpiar bien las setas, eliminando las partes magulladas y todos los restos de tierra que puedan contener.

4. Mojar con el txakolí y dejar reducir a seco, hasta que aflore de nuevo a la superficie la grasa del sofrito, quedando todo el aroma del alcohol.

Acabado y presentación

- En este punto, ir añadiendo poco a poco el caldo, como si estuviéramos cocinando un arroz cremoso, dejando que se vaya evaporando e incorporando más hasta la completa cocción de la pasta, que debe quedar al dente, resistente a la mordida. Para conseguirlo, vamos probando y sazonando a medida que avanza la elaboración, para no pasarnos ni quedarnos cortos.

- En los últimos minutos, añadir la nata y mantener al fuego hasta que comience de nuevo a hervir.

- Retirar del fuego e incorporar el queso graso rallado y el queso mascarpone, removiendo con una cuchara de madera para mantecarlo y dejarlo bien cremoso. Incorporar el aceite de oliva virgen extra y ligarlo dando vueltas.

- Por último, espolvorear el cebollino picado.

TRUCO

Podemos reemplazar la pasta puntalette por caracolillos o fideos gruesos de los que se suelen emplear en la fideuá.

HUEVOS ESCALFADOS CON CREMA DE QUESO

n.º de comensales: 4

Ingredientes

- 200 ml de leche
- 3 yemas de huevo
- 175 g de queso cremoso de vaca sin corteza
- 16 espárragos trigueros pelados
- 8 corazones de alcachofa cocida
- 4 huevos

Elaboración

Crema de queso:

1. Si tenemos una batidora de vaso con control de temperatura, podemos hacer la salsa fácilmente, reuniendo la leche, las yemas y el queso tierno troceado, accionando a la máxima potencia y activando la temperatura a 60 °C. durante 2 min aprox. El resultado será una crema sabrosa y untuosa, que rectificaremos de sazonamiento.

2. Si no disponemos de batidora, podemos hacerla al baño maría, sumergiendo el queso en la leche tibia hasta que se derrita y añadiendo las yemas de huevo fuera del fuego, batiendo con un túrmix enérgicamente para convertirlo en una salsa sedosa.

3. Cocer ligeramente en abundante agua salada los espárragos verdes troceados, escurriéndolos a agua salada helada para detener la cocción y fijar el color verde. Partir las alcachofas en cuartos, eliminando las hojas exteriores y utilizando solo la parte más tierna.

Huevos:

1. Introducir delicadamente los huevos en el fondo de un papel alimentario de plástico y cerrar el atadillo con un nudo, dejándolos encerrados.

2. Cocer los huevos en agua a muy ligera ebullición, que no se nos pasen de punto y queden bien cuajados, con las yemas líquidas, durante 2-3 min.

Acabado y presentación

- Colocar en el fondo de los platos las alcachofas y los trigueros salteados con una pizca de aceite de oliva en una sartén antiadherente.
- Sobre ellos, los huevos recién hechos, que pimentaremos y sazonaremos con delicadeza. Salsear con la crema de queso.

TRUCO

Podemos escalfar los huevos de manera tradicional, en un cazo alto y estrecho con agua sin sal y una pizca de vinagre, a pequeños borbotones para que no revienten ni se hagan demasiado. Podemos hacerlo más profesionalmente, sumergiéndolos enteros en un baño de agua a 65 °C durante media hora aproximadamente. Luego los cascamos y los utilizamos para la receta.

ARROZ CALDOSO DE SECRETO IBÉRICO Y SETAS

n.º de comensales: 4

Ingredientes

Salmorreta:
- 125 g de ñoras
- 250 g de ajos pelados y laminados
- 250 ml de aceite de oliva virgen extra
- 1 kg de tomate natural

Arroz:
- 200 g de arroz de grano redondo
- 1 litro de caldo de ave
- 500 ml de jugo de carne
- 300 g de secreto ibérico
- 150 g de setas variadas
- 12 hebras de azafrán
- 20 g de salmorreta
- 1 rama de tomillo
- 40 ml de aceite de oliva virgen extra
- 20 ml de salsa teriyaki

Elaboración

Salmorreta:

1. En una sartén, dorar los ajos con el aceite a fuego fuerte hasta que cojan un color bonito. Retirar del aceite y reservar.

2. En la misma sartén, con el aceite aún caliente, agregar las ñoras y remover sin cesar durante unos segundos hasta que la ñora empiece a soltar todo su aroma.

3. Una vez doradas, agregar los ajos y el tomate, dejando cocinar el conjunto durante 3 horas a fuego mínimo y con la tapa puesta.

4. Triturar y colar, convirtiendo la mezcla en una pasta apetecible.

Arroz:

1. Cortar el secreto ibérico en dados de unos 3 × 3 cm.

2. Limpiar bien las setas, quitando cualquier resto de tierra que puedan tener con ayuda de un trapo, un cuchillo y una pizca de agua, si fuera necesario.

3. En un caldero, dorar la carne con el aceite de oliva virgen y tostarla bien, dejándola bien jugosa. Retirarla a una fuente.

4. Eliminar el exceso de grasa del caldero y añadir el caldo de ave, la salmorreta y el azafrán. Hervir durante 10 min a fuego suave.

5. Añadir el jugo de carne y la salsa teriyaki.

6. Dejar hervir durante 2 min más y añadir el arroz.

7. Dar un par de vueltas y bajar el fuego al mínimo con la tapa puesta y removiendo cada 2 min.

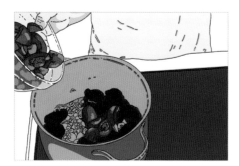

Acabado y presentación

- Pasados 10 min desde que hemos metido el arroz, verter los tacos de carne, las setas limpias y la rama de tomillo.

- Remover con mucho cuidado, y con la tapa puesta dejar cocinar por 3 min más.

- Poner a punto de sal y darle un reposo de 5 min con la tapa puesta.

ARROZ SECO
DE VERDURAS Y PATO

n.º de comensales: 4

Ingredientes

Caldo de pato:
- 1 kg de carcasas y cuellos de pato
- 1 cebolla
- 1 zanahoria
- 1 puerro
- 100 ml de vino blanco
- 100 ml de vino tinto
- 4 litros de agua

Magret de pato:
- 1 magret o pechuga de pato de unos 500 g

Arroz:
- 3 chalotas picadas
- 1 rama de tomillo
- 50 g de ramilletes de coliflor
- 50 g de ramilletes de brócoli
- 240 g de arroz de grano redondo
- 200 g de sofrito de tomate
- 6 aceitunas negras deshuesadas
- 100 g de trompetas de la muerte pequeñas, limpias
- 1 litro de caldo de pato

Elaboración

Caldo de pato:

1. En el fondo de una olla o tartera ancha y baja con una pizca de aceite, rustir las carcasas y los cuellos de pato troceados en trozos menudos, para que suelten todos sus jugos, removiendo sin cesar. Tener la precaución de hacerlo a fuego suave, para que no se quemen.

2. Eliminar el exceso de grasa que pueda acumularse en el fondo y añadir la verdura troceada en pedazos pequeños, dando vueltas para que se sofría.

3. Una vez la verdura está sofrita, añadir el vino blanco y tinto y dejar que evapore.

4. Cubrir con el agua caliente. Hervir unos 50 min y colar.

5. Para potenciar el gusto del caldo, arrimarlo al fuego y reducirlo suavemente hasta que obtengamos aproximadamente 1,5 litros de líquido.

Magret de pato:

1. Marcarlo sobre una tabla por el lado de la grasa. Con ayuda de un cuchillo afilado, hacerle unas incisiones con forma de damero sin llegar a la carne.

2. Colocarlo sobre una sartén antiadherente a fuego mínimo por el lado de la grasa, para que esta se derrita y el calor se infiltre en la pechuga.

3. A medida que se vaya fundiendo la grasa, retirarla cuidadosamente hasta que la piel sea mínima y aparezca una costra dorada.

4. Retirar la pechuga de la sartén y dejarla reposar sobre una rejilla cubierta con papel de aluminio, cerca de una ligera fuente de calor.

Arroz:

1. En una paella o cazuela baja y muy ancha, verter un hilo de aceite de oliva y rehogar la chalota picada y la rama de tomillo deshojada con los dedos, dejando que poche suavemente sin que coja color.

2. Añadir los ramilletes de coliflor y brócoli, rehogar unos minutos más. Acto seguido añadir el arroz y sofreírlo 1 min.

3. Incorporar el tomate, las aceitunas deshuesadas y picadas y dar unas vueltas más.

4. Con un cucharón, añadir caldo bien caliente para que moje justo el arroz y esperar a que se evapore para repetir otra vez el proceso.

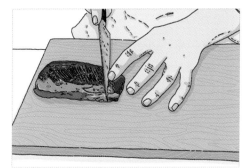

5. A partir del primer cucharón de caldo, controlar el tiempo total de cocción, que será de 16 min. Así conseguiremos un grano entero y lleno de sabor.

Acabado y presentación

- Una vez el arroz esté casi a punto y todo el caldo añadido, incorporar las trompetas bien limpias y dejarlas el par de minutos finales de cocción del arroz.

- Dejar reposar la olla, y colocar sobre la superficie unos escalopes de la pechuga de pato asada y reposada.

TRUCO

Es importante que las carcasas de pato estén bien lavadas y sin rastros de grasa o vísceras y los cuellos de pato pelados, sin el pellejo graso que los protege.

TOSTA DE
LOBSTER ROLL

n.º de comensales: 4

Ingredientes

Ensalada *coleslaw*:
- 60 g de col lombarda
- 60 g de repollo, col o berza
- 250 g de zanahoria
- 250 g de manzana tipo granny smith

Bogavante:
- 1 bogavante
- 2 litros de agua
- 70 g de sal gorda

Salsa:
- 120 ml de salsa mahonesa
- 20 ml de vinagre de manzana
- 15 g de mostaza de Dijon
- 40 g de azúcar
- 90 g de apio
- 90 g de nata agria
- sal y pimienta

Acabado:
- pan de brioche
- 1 limón
- ensalada *coleslaw*

Elaboración

Ensalada *coleslaw*:

1. Cortar las coles y zanahorias en fina juliana con la ayuda de un cuchillo bien afilado o con un robot procesador, que es más rápido y preciso.

2. Sazonar la mezcla generosamente y colocarla durante unas horas en un escurridor sobre un bol, para que la mezcla se sazone, adquiera textura y la verdura expulse la humedad.

3. Rallar las manzanas al final para que no se oxiden.

Bogavante:

1. Poner el agua a hervir con la sal en un puchero estrecho y bien alto y meter el bogavante.

2. En cuanto arranque el hervor, contar 2 min y escurrir el animal, sumergiéndolo en un baño de agua helada con mucho hielo y un buen puñado de sal, para que no se «lave» y quede sabroso.

3. Pelarlo cuidadosamente, separando los codos y las pinzas de la cola central.

Salsa:

1. Picar el apio en dados minúsculos con ayuda de un cuchillo.

2. Reunir todos los ingredientes en un bol y mezclarlos cuidadosamente hasta que queden bien integrados.

3. Rectificar la sazón.

Acabado de la ensalada *coleslaw*:

1. Rallar la manzana.

2. Presionar la verdura puesta en el colador para eliminar el exceso de agua y mezclarla con la salsa y los codos del bogavante, bien picados a cuchillo.

3. Reservar bien frío.

Acabado y presentación

- Rebanar el brioche en rodajas ligeramente gruesas, o, en su defecto, utilizar pan del tipo perrito caliente para resolverlo en bocadillo.

- Trocear la pinza del bogavante y la cola en rodajas gruesas, con la ayuda de un cuchillo afilado y sobre una tabla.

- Calentar una pizca de mantequilla en el fondo de una pequeña sartén y dorar allí las rebanadas de brioche, vuelta y vuelta, hasta que cojan un bonito color. Reservarlas.

- En la misma sartén, añadir una pizca más de mantequilla, calentarla hasta que coja color avellana y saltear unos segundos las rodajas de bogavante restantes, y escurrirlas en un plato.

- Para terminar, colocar la tosta de brioche en el plato y sobre ella la ensalada *coleslaw* y los trozos de bogavante recién salteados.

- Acompañar con unos gajos de limón, una ensalada verde o unas buenas patatas fritas.

TRUCO

Para cocer el bogavante es muy importante partir de agua fría si el animal está vivo, y de agua hirviendo si el animal está muerto, para que en uno y otro caso la cocción sea la adecuada, se vacíe poco y quede bien «cuajado».

ENSALADILLA RUSA DE SARDINILLA

n.º de comensales: 4

Elaboración

Mahonesa:

- 250 ml de aceite de oliva virgen extra
- 50 g de yemas de huevo
- 15 ml de vinagre de Jerez

Ensaladilla:

- 100 g de sardinillas en aceite sin espinas
- 100 g de gambas cocidas peladas
- 100 g de mahonesa
- 30 g de cebollino picado
- 100 g de huevo cocido

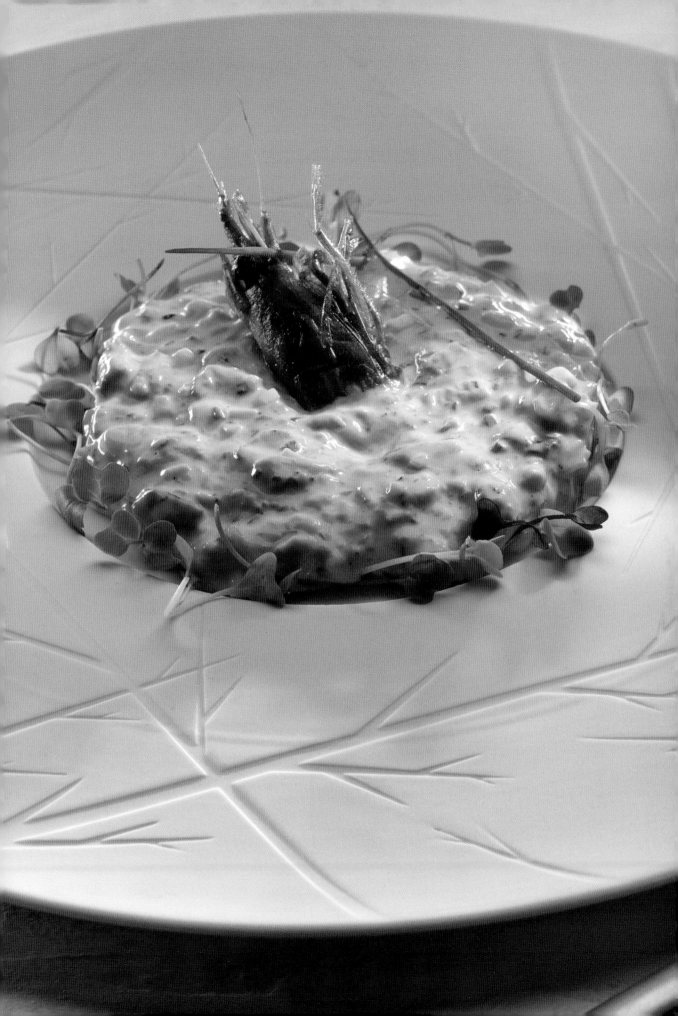

Elaboración

Mahonesa:

1. Colocar todos los ingredientes juntos en un vaso de túrmix.

2. Introducir el brazo de la batidora hasta tocar el fondo dando golpes suaves de motor para que poco a poco los ingredientes comiencen a emulsionar.

3. Entonces, realizar movimientos suaves con el brazo del túrmix de arriba abajo, hasta que la mahonesa esté completamente emulsionada.

Ensaladilla:

1. Cortar las sardinillas previamente y las gambas en dados de 1 × 1 cm con ayuda de un cuchillo afilado.

2. Rallar el huevo.

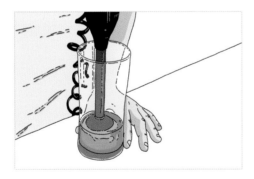

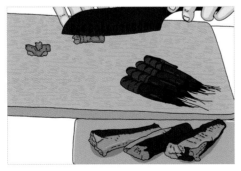

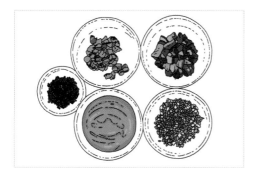 

Acabado y presentación

- En un bol, agregar la mahonesa fría, el huevo rallado y el cebollino picado, añadir los dados de gamba y con ayuda de una lengua mezclar sin aplastar.

- Por último, incorporar los dados de sardinillas y repetir el mismo procedimiento, mezclando con cuidado.

- Poner a punto de sal y refrescar un par de horas.

- Servir y decorar con unos brotes verdes de temporada.

TRUCO

Para darle aún más personalidad a la ensaladilla, podemos incorporar un par de filetes de anchoa en salazón picados a la mahonesa, añadidos al final, además de un golpe de salsa de soja, para acentuar aún más el aliño.

CREMA CUAJADA DE *FOIE GRAS*

n.º de comensales: 4

Ingredientes

Crema cuajada:
- 500 ml de nata
- 220 g de *foie gras micuit*
- 7 yemas de huevo
- una pizca de sal y pimienta
- azúcar moreno

Tostada de foie gras:
- 4 láminas de pan
- 4 rodajas de foie gras *micuit*
- sal y pimienta

Elaboración

Crema cuajada:

1. En un vaso de batidora americana, introducir el *foie gras*, la nata, las yemas de huevo, sal, pimienta y una pizca de azúcar. Triturar todo hasta que quede una mezcla homogénea y pasar la mezcla por un colador fino.

2. Rectificar de sazón, añadiendo un poco más de sal o pimienta si es necesario, y verter con mucho cuidado sobre unos recipientes de tamaño individual.

3. Precalentar el horno 85 °C e introducirlos durante 25 min aprox.

4. En cuanto veamos, al menear las cremas con cuidado, que la mezcla cuaja en su perímetro y permanece temblorosa en su corazón, ya están.

5. Dejarlas templar sobre la mesa de la cocina.

6. Espolvorearlas ligeramente con granos de azúcar moreno y caramelizarlas con la llama de un soplete hasta conseguir una superficie caramelizada y crujiente.

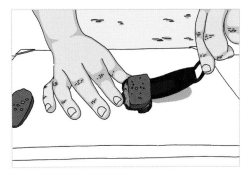

Tostada de *foie gras*:

1. En una tostadora, dorar el pan y colocarlo sobre un plato.

2. Cubrir las tostadas con las láminas de *foie gras*, salpimentando generosamente la superficie.

3. Acompañar las cremas cuajadas con las tostadas de *foie gras*.

TRUCO

Para rebanar el *foie gras* de las tostadas con facilidad, sumergir el filo del cuchillo en agua muy caliente, secarlo bien y la loncha saldrá brillante y sin pegarse al filo.

CREMA LIGERA DE PATATA CON SARDINA AHUMADA Y ACEITE DE PEREJIL

n.º de comensales: 4

Ingredientes

Aceite de perejil:

- 200 g de hojas de perejil
- 750 ml de aceite de oliva virgen extra
- una pizca de sal

Crema de patata:

- 600 g de patatas
- 400 g de blanco de puerro
- 100 g de mantequilla
- 800 ml de caldo de ave
- 200 ml de leche
- 200 ml de nata

Además:

- 4 filetes de sardina ahumada
- aceite de perejil

Elaboración

Aceite de perejil:

1. Meter todos los ingredientes en el vaso de una batidora y accionar a la máxima potencia, dejando que los ingredientes se unan perfectamente.

2. Pasar la mezcla a través de un colador fino y reservar el aceite en una botella cerrada o un frasco de cristal.

Crema de patata:

1. Lavar y pelar las patatas, partirlas por la mitad y cortarlas en rodajas.

2. Lavar el blanco del puerro y cortarlo en rodajas finas.

3. En una cacerola ancha y profunda, hacer sudar los puerros en la mantequilla sin que se doren durante 20 min.

4. Cuando los puerros estén tiernos, agregar el caldo de ave y la leche.

5. Incorporar los trozos de patata y salpimentar.

6. Llevar a ebullición y cocer 25 min, rectificando el sazonamiento.

7. Al final de la cocción, añadir la nata removiendo.

8. Triturar en la batidora de vaso, colar la mezcla, rectificar la sazón y reservar.

Acabado y presentación

- Sobre la tabla, cortar los filetes de sardina en dados o en escalopes finos al bies.

- En el interior de unos platos hondos o boles, derramar la crema de patata fría o caliente, colocar por encima las sardinas y rociar con unos puntos de aceite de perejil.

- Espolvorear unas hierbas aromáticas.

SOPA DE QUESO CON CEBOLLETAS RELLENAS Y TOCINETA CRUJIENTE

n.º de comensales: 4

Ingredientes

Caldo de cebolla:
- 750 g de cebolla dulce en tiras
- 1,2 litros de agua

Sopa de queso:
- 1 litro de caldo de cebolla
- 500 g de queso de oveja muy tierno

Crema de queso:
- 2 cucharadas de queso fluido tipo torta del Casar
- 120 g de queso mascarpone
- 40 g de cebollino picado

Aros de cebolla:
- 6 cebolletas dulces muy pequeñas

Tocineta y teja de queso crujiente:
- un puñado de tiras finas de tocineta ibérica
- 200 g de queso parmesano rallado

Elaboración

Caldo de cebolla:

1. Hervir la cebolla con el agua a fuego muy suave hasta que la cebolla esté blanda y el agua se reduzca hasta quedar 1 litro de caldo.

2. Colar y enfriar.

Sopa de queso:

1. Trocear el queso en pedazos menudos y añadirlo al caldo de cebolla frío, en una cazuela.

2. Arrimarlo a fuego muy suave con mucho cuidado para que no se agarre, pues el queso se acumulará en el fondo. Cuando comience a hervir, apartarlo del fuego, cubrirlo con un plato y dejar en reposo durante 10 min, para que el queso se deshaga.

Crema de queso:

1. Entonces, introducirlo todo en el vaso de una batidora y accionar a la máxima potencia durante 3 min. Verter la mezcla a un recipiente.

2. Dejar reposar la mezcla batida durante 10 min para que el queso sedimente en el fondo y pasar la mezcla por un colador fino.

3. Mezclar los ingredientes cuidadosamente en un bol con la ayuda de unas varillas y rectificar la sazón si es necesario.

4. Enfriar la crema en la nevera. Será el relleno de las cebolletas.

Aros de cebolla:

1. Cocer en agua hirviendo, ligeramente salada, las cebolletas peladas de 3 a 5 min, según el tamaño.

2. Darles unos cortes verticales de 1,5 cm y saltearlas durante un par de minutos con un poco de aceite de oliva, dándoles un golpecito de calor.

3. Sacar los aros a cada corte cogiendo los discos centrales, de tal forma que nos queden aros de 2 cm de diámetro y 1,5 cm de altura. Los reservamos.

Tocineta y teja de queso:

1. En una sartén antiadherente, dorar las tiras de tocineta y escurrirlas en papel absorbente.

2. Pasar un papel a la sartén y arrimarla de nuevo al fuego, espolvoreando el fondo con el queso parmesano rallado, varias veces. El queso al fundirse formará una oblea que despegamos con una espátula como si fuera una crep, dejándola enfriar sobre la mesa de la cocina para que cristalice y quede crujiente.

 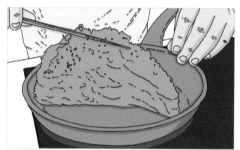

Acabado y presentación

- Sobre las tejas recién hechas y crujientes, colocar los aros de las cebolletas y rellenarlos con la crema de queso fría.

- Verter la sopa rectificada de sazonamiento en el fondo de unos platos hondos y guarnecerla con las tiras de tocineta y las tejas con las cebolletas rellenas.

TRUCO

Cuando hagamos la crema de queso, si vemos que no somos capaces de mezclar bien los quesos grasos, calentarlos ligeramente en el microondas para ablandarlos un poco y así se integren mejor.

PESCADOS, MOLUSCOS, MARISCOS Y CRUSTÁCEOS

KOKOTXAS DE BACALAO CON PATATAS EN SALSA VERDE

n.º de comensales: 4

Ingredientes

- 750 g de kokotxas de bacalao frescas
- 1 diente de ajo grande
- 1 cayena
- 250 ml de aceite de oliva virgen
- 1 cucharada de vino blanco
- 3 cucharadas de caldo de pescado o agua
- 2 patatas pequeñas cocidas, peladas y partidas en rodajas
- 1 cucharada de perejil picado
- sal

Elaboración

1. Limpiar las kokotxas con ayuda de un cuchillo afilado, recortar las barbas, quitar las espinas que puedan tener y sazonarlas generosamente.

2. Picar el ajo muy menudo.

3. Poner en frío el aceite de oliva a calentar con el ajo picado y la cayena, y dejar que el ajo empiece a «bailar», sin que coja color.

4. Añadir las kokotxas de bacalao con la piel hacia arriba y menear la cazuela para que no se agarren al fondo.

5. Hervir muy lentamente, moviendo la cazuela en vaivén, durante un par de minutos.

Acabado y presentación

- Cuando comiencen a soltar gelatina, añadir el vino blanco y seguir ligando.

- Si la salsa queda demasiado espesa, incorporar el caldo de pescado o el agua hasta que adquiera un punto ligero, pues es importante que no resulte demasiado espesa.

- Añadir las patatas y espolvorear el perejil picado.

- Dar a la cazuela movimientos circulares de vaivén.

- Una vez hechas y bien ligadas, no conviene volver a moverlas, porque las kokotxas son muy frágiles y tienden a romperse.

TRUCO

Si las kokotxas son muy grandes, conviene cortarlas en pedazos pequeños, para que entren con mayor suavidad y delicadeza en la boca. Partimos la kokotxa en dos, a lo largo, y cada mitad en 2 o 3 trozos menudos.

LANGOSTINOS FRITOS CON SALSA ROSA

n.º de comensales: 4

Ingredientes

Langostinos:
- 25 langostinos hermosos, pelados y con la cola
- un chorrete de vino manzanilla
- una pizca de jengibre fresco
- una pizca de ajo picado
- una punta de chile

Salsa rosa:
- 150 ml de salsa mahonesa
- 150 ml de yogur natural
- 1 naranja
- 4 cucharadas de salsa de tomate
- 1 chorrazo de kétchup
- 1 chorrete de salsa Worcestershire
- sal y pimienta

Rebozado:
- harina de fritura
- 2 claras de huevo
- aceite de oliva para freír
- sal y pimienta

Elaboración

Langostinos:

1. Pelar bien los langostinos y eliminar el intestino que se aloja en su interior, que suele resultar desagradable al gusto. Para ello, basta con hacerles una pequeña incisión con un cuchillo afilado a lo largo de la espalda y retirar ese intestino oscuro tirando de él, hasta levantarlo.

2. Reunir todos los langostinos en un bol amplio y rociarlos con la manzanilla, el jengibre, el ajo y el chile.

3. Cubrirlo con papel film y meterlo en la nevera unos minutos.

Salsa rosa:

1. Mezclar en un bol la mahonesa, el yogur, una pizca de naranja rallada y unas gotas de zumo, la salsa de tomate, el kétchup y el toque de salsa Worcestershire, rectificando la sazón con sal y pimienta.

2. Una vez a punto, cubrir la salsa y reservarla en la nevera.

Acabado y presentación

- Poner abundante aceite de oliva a fuego suave para que se vaya calentando.

- Para hacer el rebozado de los langostinos, batir las claras de huevo en un bol con ayuda de unas varillas hasta romperlas y dejarlas líquidas.

- Escurrir los langostinos de la marinada y secarlos con papel absorbente.

- Enharinarlos ligeramente uno a uno y sumergirlos en las claras.

- De ahí, bien escurridos, pasarlos de nuevo por la harina y darles unas palmadas para eliminar el exceso que puedan tener.

- Avivar el fuego ligeramente y sumergir los langostinos en el aceite conforme los vamos rebozando.

- Escurrir en el papel absorbente, para eliminarles el exceso de grasa.

- Servirlos acompañados de la salsa bien fría.

TRUCO

Una manera más sencilla de eliminar el intestino del langostino es separando el cuerpo de la cabeza con más maña que fuerza. Si lo hacemos con delicadeza saldrá fácilmente.

SALMÓN ELEGANTE

n.º de comensales: 4

Ingredientes

Salmón:

- 1 lomo de salmón fresco de 800 g aprox., con su piel
- 2 limones
- 2 cucharadas de té negro
- 2 cucharadas de orujo de hierbas
- 6 cucharadas de azúcar
- 1 ramillete de eneldo fresco
- 9 cucharadas de sal gruesa ahumada
- 2 cucharadas de pimienta negra rota

Salsa:

- 1 yema cruda de huevo
- 2 cucharadas de mostaza
- 2 cucharadas de aceite de oliva virgen extra
- una pizca de miel
- 150 g de queso crema fresco
- vinagre de sidra
- 1 ramillete de eneldo fresco
- 1 limón
- un pellizco de wasabi
- pimienta molida

Elaboración

Salmón:

1. Colocar en el fondo de una fuente honda un paño de cocina abierto.

2. Mezclar en un bol la ralladura de los limones, el té, el orujo, el azúcar, el eneldo (roto con las manos), la sal gruesa y la pimienta negra, mezclándolo todo con los dedos.

3. Con la punta de un cuchillo muy afilado, hacer pequeñas incisiones a la piel del salmón sobre una tabla.

4. Colocar un tercio de la mezcla sobre el paño y apoyar el salmón con la piel hacia arriba.

5. Cubrir el salmón con el resto de la mezcla del bol y cerrar el paño, haciendo un paquete.

6. Colocar encima del pescado otra bandeja con peso (una lata de conserva, por ejemplo) y meterlo en la nevera durante 18 horas.

Salsa:

1. Mientras el salmón se marina, hacer la salsa.

2. Para ello, mezclar la yema con la mostaza, el aceite, la miel, el queso crema, el vinagre, el eneldo picado a tijera, el limón rallado y su zumo, el pellizco de wasabi y la pimienta molida.

3. Reservar la salsa en frío.

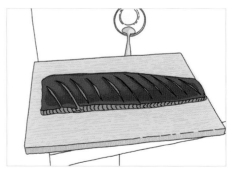

Acabado y presentación

- Para terminar, escurrir el lomo de salmón del paño, lavarlo rápidamente en agua y secarlo con un trapo bien limpio.

- Con un cuchillo jamonero, sobre una tabla, rebanarlo en lonchas muy finas que dispondremos sobre una bandeja.

- Servir la salsa aparte y acompañarlo con pan tostado.

TRUCO

Al rebanar el salmón con el cuchillo, hay que tener la precaución de no llegar hasta la parte más oscura pegada a la piel, para que las lonchas queden bien presentadas y tengan un aspecto más lucido.

TARTAR DE TXITXARRO

n.º de comensales: 4

Ingredientes

- 200 g de txitxarro fresco
- una pizca de pimentón dulce
- 1 cucharada de perejil picado
- 1 cucharada de cebollino picado
- 1 cucharada de cebolleta picada
- 1 cucharada de alcaparras
- 1 cucharada de pepinillo picado
- 10 hojas de apio en rama
- 1 yema de huevo
- 1 cucharadita de mostaza
- 25 ml de aceite oliva virgen extra
- 20 ml de kétchup
- una pizca de salsa picante
- 1 cucharadita de salsa Worcestershire
- sal y pimienta

Además:
- rebanadas finas de pan tostado
- 4 huevos crudos de codorniz

Elaboración

1. Limpiar el txitxarro sobre una tabla y con la ayuda de un cuchillo muy afilado eliminar las espinas, la sangre y la piel, hasta que los lomos queden desnudos.

2. Picar los lomos en dados muy menudos y colocarlos en un bol que habremos metido en la nevera para que esté bien frío.

3. Salpimentar el pescado, añadir una pizca de pimentón dulce y remover con la ayuda de una cuchara.

4. Sobre esta mezcla de pescado condimentada incorporar el perejil, el cebollino picado, la cebolleta, las alcaparras picadas muy finamente, el pepinillo y las hojas de apio también muy picadas.

5. En otro bol frío, colocar la yema de huevo y la mostaza, añadir el aceite de oliva poco a poco batiendo con una varilla hasta emulsionar ligeramente y formar una salsa, sobre la que añadiremos el kétchup, la salsa picante y la salsa Worcestershire.

6. Añadir esta mezcla al txitxarro condimentado y mezclar perfectamente, rectificando el sazonamiento.

Acabado y presentación

- Colocar el tartar sobre el plato y coronar cada uno con 1 yema cruda de codorniz, que servirá de aliño extra antes de comerlo.

- Acompañarlo con rebanadas muy finas de pan tostado.

TRUCO

Si añadimos al aliño del tartar una cucharadita de salsa mahonesa y una pizca de raíz de *wasabi*, el efecto es extraordinario, pues quedará aún más fino, cremoso y vivaracho.

MERLUZA REBOZADA CON MAHONESA DE MOLUSCOS AL CAVA

n.º de comensales: 4

Ingredientes

Polvo de perejil:
- 1 ramillete de perejil fresco

Mahonesa de moluscos:
- 200 ml de cava
- 300 g de berberechos
- 300 g de almejas
- 300 g de mejillones pequeños
- 200 ml de mahonesa sin sal
- una pizca de vinagre de Jerez

Merluza rebozada:
- 1 kg de merluza de anzuelo
- 2 dientes de ajo
- 2 huevos
- sal

Además:
- un puñado de brotes de espinacas

Elaboración

Polvo de perejil:

1. Lavar, secar y deshojar el perejil.

2. Colocar las hojas en un cuenco y secarlas al microondas de 2 a 3 minutos, dando golpes de 20 segundos y 10 segundos a máxima potencia, dependiendo de la fuerza de nuestro microondas. Es importante que entre golpe y golpe movamos el perejil con las manos hasta que veamos que ya no contiene agua y se va secando.

3. Entonces, triturarlo con la mano sobre un colador fino y recuperar el polvo sobre un bol.

Mahonesa de moluscos:

1. En una cazuela ancha y baja verter el cava y llevarlo a ebullición. Cuando rompa el hervor añadir los berberechos, las almejas y los mejillones bien lavados.

2. Para que no se recuezan, cocinar los moluscos tapados a fuego muy fuerte durante breves instantes hasta que se abran.

3. A medida que se abren, sacarlos de la cazuela a un plato frío para detener la cocción y reservarlos para el emplatado.

4. Recuperar el jugo que sueltan en el fondo, colarlo y reducirlo a fuego muy suave hasta obtener 50 ml de líquido muy potente.

5. Introducir ese líquido en el fondo de una batidora de vaso y añadir la mahonesa y el vinagre.

6. Batir enérgicamente y pasar el resultado por un colador fino. Reservar.

Merluza rebozada:

1. Con la ayuda de un cuchillo afilado, sacar los lomos con la piel y trocearlos en tacos de 6 cm. Sazonarlos ligeramente y pasarlos por huevo batido.

2. Freírlos durante 1,5 minutos por cada lado en aceite de oliva caliente, en el que habremos sumergido un par de dientes de ajo aplastados para que aromaticen.

3. Una vez bien dorados los lomos, dejarlos escurrir en un plato con papel absorbente.

 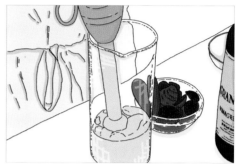

Acabado y presentación

- En un plato, disponer los trozos de merluza, repartir unas almejas, unos berberechos y unos mejillones alrededor de la merluza y acompañar con unas hojas y brotes de espinaca frescos y aliñados con sal y pimienta.

- Regar finalmente con la vinagreta de moluscos y espolvorear con el polvo de perejil. Listo.

TRUCO

La merluza debe sazonarse siempre quince minutos antes de cocinarse para que la carne se sazone perfectamente y coja su punto.

AGUACHILE DE LANGOSTINOS

n.º de comensales: 4

Ingredientes

Mojo de habanero:
- 500 g de pimiento habanero fresco
- 3 cebolletas tiernas

Acabado del mojo:
- 200 g de puré de habanero y cebolleta
- 20 ml de zumo de limón y sal

Gel de manzana verde:
- 500 ml de zumo de manzana verde licuado
- 6 g de hojas de gelatina alimentaria remojadas en agua

Ceviche de langostinos:
- 210 g de langostinos, limpios y en dados de 1 x 1 cm
- 50 ml de zumo de limón
- 50 g de picada de rábano y pepino frescos
- 20 g de manzana verde picada
- cilantro picado
- 5 vueltas de pimienta negra y sal

Además:
- brotes tiernos de cilantro fresco
- tortillas fritas de maíz o totopos

Elaboración

Mojo habanero:

1. Ayudarse de las brasas de una parrilla o, en su defecto, de un horno a alta temperatura, para quemar los habaneros y las cebolletas abiertas en dos hasta que estén negras, pero sin que revienten. En México lo llaman «tatemar».

2. Triturar las pulpas en una batidora de vaso y pasar la mezcla por un tamiz.

3. Mezclar todos los ingredientes y rectificar el sazonamiento.

4. Reservarlo en frío en la nevera, bien cubierto.

Gel de manzana verde:

1. Remojar las hojas de gelatina en agua y escurrirlas muy bien.

2. Diluirlas en una pequeña parte del zumo de manzana verde templado en el microondas.

3. Una vez bien disueltas, incorporarlas al resto de zumo y dejar que gelifiquen en la nevera, bien cubiertas con papel film.

Ceviche de langostinos:

1. Juntar todos los ingredientes en un bol y rectificar el sazonamiento.

2. Dejar que repose unos 5 min en frío para que los elementos se integren bien.

Acabado y presentación

- Menear con una cuchara la gelatina de manzana para volverla cremosa y colocarla en el fondo de un plato.

- Colocar encima el ceviche o aguachile de langostinos.

- Alrededor disponer las tortillas fritas, los brotes tiernos de cilantro fresco y el mojo habanero, que podremos servir aparte en un bol o manchando la vajilla.

TRUCO

Es importante eliminar el intestino alojado en el interior de los langostinos cuando los pelamos en crudo, haciendo una incisión por la espalda y a lo largo para extraerlo delicadamente con la punta del cuchillo.

TACO DE BACALAO FRITO CON PIMIENTOS

n.º de comensales: 4

Ingredientes

Pimientos asados:
- 5 pimientos rojos frescos
- sal y aceite de oliva

Bacalao:
- 1 kg de lomos de bacalao desalado

Masa de fritura:
- 160 g de harina floja
- 110 g de harina fuerte
- 0,5 g de levadura prensada
- 125 ml de agua
- 125 ml de cerveza
- 0,5 g de sal

Además:
- cebollino y perejil picado

Elaboración

Pimientos asados:

1. Encender el horno a 180 °C con 15 min de antelación.

2. Lavar los pimientos bajo agua fría y colocarlos en una fuente bien pringados de aceite de oliva y sal.

3. Hornearlos durante 30-40 min hasta que se asen perfectamente. Si vemos que se doran demasiado o se seca el fondo de la bandeja, suavizar la temperatura y añadir un poco de agua en el fondo para que no se agarren.

4. Una vez asados y tibios, se pelan, se despepitan y se cortan en finas tiras con las manos, desgarrándolos y guardando el jugo resultante.

Bacalao:

1. Tenemos que confiar en nuestro proveedor y comprar bacalao ya desalado y listo para cocinar. Si lo ponemos a desalar en casa, hay que tener en cuenta que según el grosor de las tajadas debemos remojarlo en agua por espacio de 36 a 48 horas, siempre con la piel hacia arriba y cambiando el agua 2 o 3 veces.

2. Secar las tajadas con ayuda de un trapo seco.

3. Sobre una tabla, con ayuda de un cuchillo bien afilado, cortar el bacalao en lomos rectangulares de unos 60 g de peso.

Masa de fritura:

1. Mezclar las 2 harinas con la levadura desmenuzada con los dedos.

2. Agregar el agua, la cerveza y la sal, mezclando con una varilla o una cuchara de madera.

3. Dejar que fermente la masa cubierta con un trapo cerca de una ligera fuente de calor por espacio de 2 horas aprox.

 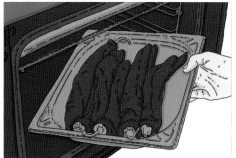

 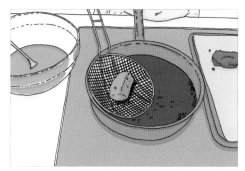

Acabado y presentación

- Calentar suavemente los pimientos con el jugo formando una salsa ligera, rectificar el sazonamiento e incorporar las hierbas picadas.

- Pasar los tacos de bacalao ligeramente enharinados por la masa de fritura y freírlos en abundante aceite de oliva caliente hasta que adquieran un bonito color dorado, intentando que el interior quede jugoso y muy sonrosado y sin secarse.

- Escurrir el pescado sobre papel absorbente para eliminar el exceso de grasa y servirlo sobre los pimientos recién hechos.

TRUCO

Cuando desalamos el bacalao es muy importante hacerlo siempre en la nevera, puesto que a temperatura ambiente corremos el riesgo de que el pescado se estropee y coja mal olor y arruine nuestras preparaciones.

CHIPIRONES CON VINAGRETA Y CREMA DE MORCILLA

n.º de comensales: 4

Ingredientes

Chipirones:

- 300 g de chipirones pequeños
- 3 cucharadas de aceite de oliva virgen extra
- sal y pimienta

Crema de morcilla:

- 1 morcilla de 400 g
- 15 g de pan tostado
- 100 ml de agua de la cocción de la morcilla

Vinagreta:

- 100 g de habitas peladas
- 100 g de gamba roja cruda
- 4 cucharadas de aceite de oliva virgen extra
- 2 cucharadas de zumo de limón
- 1 cucharada de perejil picado
- 1 diente de ajo en tiras
- sal

Elaboración

Chipirones:

1. Limpiar los chipirones, quitarles la piel.

2. Secarlos con un paño y separar los cuerpos de los tentáculos.

3. Si son grandes, cortar los cuerpos en dos y picar los tentáculos.

4. Reservarlos.

Crema de morcilla:

1. Cocerla a fuego muy suave, para que no se rompa, durante 20 min.

2. Pasado ese tiempo, darle la vuelta y seguir cociendo durante otros 20 min más.

3. Retirar del fuego, quitarle la piel o la tripa y dejar escurrir la carne.

4. Colocar la carne en el vaso de una batidora, añadir el pan tostado y el agua de cocción.

5. Triturar con calor a la máxima potencia hasta obtener una crema bien lisa.

6. Pasarla por un colador fino, rectificar la sazón y reservarla.

Vinagreta:

1. Cortar la gamba en trozos de 1 cm.

2. Escaldar las habas en agua hirviendo con sal durante 2 min, refrescarlas en agua con hielo, escurrirlas y repelarlas.

Acabado y presentación

• En una sartén antiadherente, calentar 2 cucharadas de aceite de oliva y dorar los cuerpos de los chipirones a fuego vivo durante unos 2 min.

• Retirarlos a un plato y hacer la misma operación con los tentáculos picados.

• En otra sartén más pequeña, añadir otras 2 cucharadas de aceite de oliva y hacer sudar el diente de ajo cortado en tiras.

• Cuando dore, verterlo sobre los chipirones y, en la misma sartén, añadir el zumo de limón y rociarlo también sobre los chipirones.

• Recuperar todo el líquido y verterlo nuevamente, como si de un refrito se tratara.

• Añadir las gambas y las habitas a la misma sartén y rehogarlo todo a fuego vivo durante 20 segundos.

• Añadir el perejil picado y volcarlo sobre los chipirones.

• Acompañarlos con la crema de morcilla recién hecha.

TRUCO

Para que la crema de morcilla quede más fina, es recomendable utilizar morcillas de verdura en vez de las clásicas de arroz, estupendas para comer fritas, pero demasiado contundentes para reducir a crema fina.

CALAMARES «LINGUINI»

n.º de comensales: 4

Ingredientes

Cintas de calamar:
- 1 litro de leche
- 5 dientes de ajo
- 1 cáscara de limón
- un pellizco de sal
- un pellizco de pimienta negra molida
- una pizca de aceite de oliva virgen extra
- 1 calamar fresco de 650 g

Agua de mar:
- 1 litro de agua
- 30 g de sal
- 10 g de alga codium fresca
- 10 g de alga wakame deshidratada

Acabado:
- 40 g de cintas de calamar
- 300 ml de agua de mar
- tentáculos frescos de calamar
- aceite y sal

Elaboración

Calamares «linguini»:

1. Colocar en una cacerola la leche, el ajo y la cáscara de limón, y hervir.

2. Cubrir con un plato y dejar que repose apagado media hora.

3. Limpiar el calamar eliminándole la piel, la pluma y las aletas, y abrirlo en libro.

4. Quitarle el pico a los tentáculos y reservar la tinta para otras preparaciones.

5. Separar los tentáculos de uno en uno, con ayuda de un cuchillo afilado, y reservarlos.

6. Lavar el cuerpo y cortarlo en rectángulos de 15 x 30 cm.

7. Sumergir los rectángulos en la leche infusionada y fría durante 24 horas en la nevera.

Agua de mar:

1. Mezclar en un puchero el agua con la sal y hervir.

2. Retirar del fuego y añadir las algas.

3. Cubrir con un plato y enfriar perfectamente.

4. Colar y reservar.

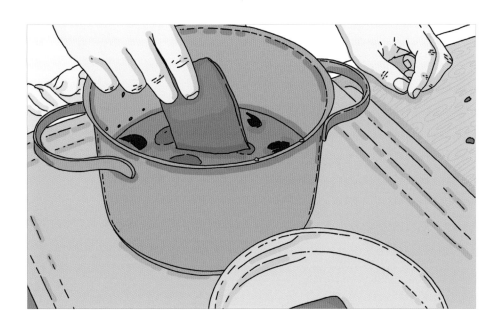

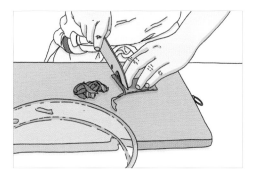 

Acabado y presentación

- Escurrir los rectángulos de calamar, sazonarlos y meterlos individualmente en bolsas de vacío bien selladas.

- Sumergirlas en un baño maría controlado a 67 °C, durante 20 min.

- Sacar las bolsas, abrirlas, retirar los rectángulos y, con un cuchillo afilado, cortarlos en cintas o en forma de linguini, bien finos, casi transparentes. Reservarlos.

- Por otro lado, mantener el agua de mar colada a 50 °C en un baño maría. Sumergir ahí las cintas de calamar durante 15 segundos y escurrirlas, colocándolas sobre papel absorbente.

- En una sartén antiadherente, saltear unos segundos los tentáculos frescos con una pizca de aceite y sal, y colocarlos sobre las cintas de calamar entibiadas y escurridas, de manera que a la mordida ofrezca dos texturas bien distintas.

- Se puede servir el calamar así, sobre una salsa de tomate o una vizcaína o una salsa negra de chipirón, indistintamente, porque lo importante de la receta es el método de cocción del calamar.

TRUCO

La señal inequívoca del calamar muy fresco es que muestre la piel intacta y, en el mejor de los casos, centelleante, señal de que estará recién sacado del agua.

NAVAJAS SOBRE PURÉ DE HINOJO Y GEL DE LIMA

n.º de comensales: 4

Ingredientes

Puré de hinojo:
- 500 g de hinojo fresco
- 40 ml de aceite de oliva virgen extra
- 3 g de sal
- 2 g de granos de anís
- 2 g de curri
- 2 hojas de gelatina hidratadas y escurridas
- 120 ml de nata semimontada

Cocción de la navaja:
- 15 navajas gallegas
- 1 litro de agua
- 25 g de sal (por cada litro de agua)

Gelatina de anís:
- 5 g de hojas de gelatina hidratadas y escurridas
- 200 ml de agua
- 200 ml de caldo de cocción de la navaja
- 10 ml de anís

Lima confitada:
- 100 g de tiras finas de cáscara de lima fresca
- 500 ml de agua
- 250 g de azúcar

Crema de lima:
- 180 ml de almíbar de cocción
- 50 g de lima confitada
- 60 g de mantequilla
- 20 ml de zumo de lima
- 2 g de sal

Elaboración

Puré de hinojo:

1. En una olla, cocinar el hinojo a fuego muy suave junto con el aceite de oliva y las especias hasta conseguir que se evapore el agua.

2. Triturar en una batidora hasta obtener una crema lisa y agregar la gelatina. Incorporar la nata suavemente y rectificar la sazón.

Cocción de las navajas:

1. Remojar las navajas durante 2 horas en agua con sal.

2. Blanquearlas en agua con sal hirviendo 10 segundos y refrescarlas.

3. Reservar el agua para la gelatina, separar la carne y cortarlas al bies en láminas de 4 mm. Reservarlas.

Gelatina de anís:

1. Calentar el agua de cocción de las navajas.

2. Añadir la gelatina, el anís y enfriar en la nevera.

Lima confitada:

1. En una olla, blanquear las pieles a partir de agua fría y repetir la operación 4 veces.

2. Hacer un almíbar con el agua y el azúcar y agregar las pieles, cociéndolas 45 min a fuego lento. Escurrir y reservar el almíbar de cocción.

Crema de lima:

1. Reunir todos los ingredientes en un vaso de batidora y accionar a la máxima potencia.

2. Colar y reservar.

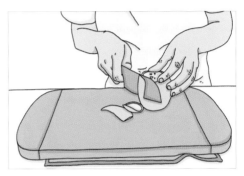

Acabado y presentación

- En el fondo de un plato colocar la crema de hinojo y los trozos de navaja, rodeándolas de la crema de lima y la gelatina, que romperemos para que tome aspecto de crema.

- Decorar con unos brotes verdes crocantes.

TRUCO

Si no nos gusta mucho la navaja por su sabor peculiar y potente, podemos hacer el mismo plato con berberechos, almejas o mejillones pequeños.

PULPO CON CREMA DE TOCINETA Y PARMESANO

n.º de comensales: 4

Ingredientes

Crema de parmesano y tocineta:
- 550 g de tocineta ahumada en dados
- 1 litro de nata líquida
- 2 dientes de ajo pelados
- 150 g de queso parmesano rallado

Polvo de avellanas, café y vainilla:
- 150 g de azúcar
- una pizca de sal
- 150 g de avellanas tostadas
- 10 g de café molido

Pulpo al vacío:
- 1 pulpo fresco de 2,5 kg

Además:
- brotes verdes
- aceite de oliva virgen

Elaboración

Crema:

1. Rehogar en una olla la tocineta coloreándola bien.

2. Mojar con la nata y añadir el ajo, reduciendo a la mitad.

3. Retirar del fuego, añadir el queso rallado y dejar que se derrita 15 min.

4. Pasar la mezcla por un colador para obtener una crema espesa y sabrosa.

Polvo de avellanas:

1. En una olla baja, hacer un caramelo con el azúcar a fuego muy suave.

2. Añadir la sal, las avellanas y el café, echando la mezcla caliente sobre un papel sulfurizado aceitado o un silpat para que se enfríe.

3. Triturar todo en una batidora de vaso a máxima potencia y convertirlo en un polvo bien fino.

Pulpo al vacío:

1. Limpiar el pulpo con agua varias veces y envasarlo al vacío.

2. Cocerlo en un horno de vapor-presión a 100 °C durante 90 min. Quedará bien tierno y soltará un jugo azulado muy sabroso que podremos utilizar para hacer una salsa, una vinagreta o añadirlo a una sopa de pescado.

3. Si no tenemos el utillaje necesario, podemos cocer el pulpo en agua y sal de la forma tradicional.

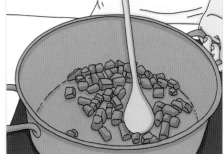

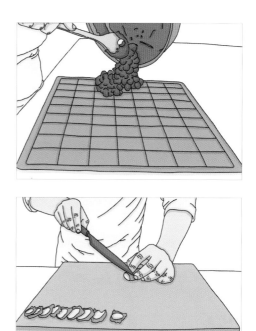

Acabado y presentación

- Sobre una tabla, cortar el pulpo en rodajas bien finas, y colocarlas en el plato de manera vistosa.

- Guarnecer con la crema tibia o fría y espolvorear el polvo de avellanas a un costado.

- Colocar algunos brotes verdes y rociar con una pizca de aceite de oliva virgen.

TRUCO

Si somos muy «modernos» y tenemos un sifón, podemos meter la crema de parmesano y tocineta y, con dos cargas, convertirla en una crema mucho más sedosa y aérea.

CIGALA EN COSTRA DE PAN CON APIONABO Y ENSALADA DE BROTES

n.º de comensales: 4

Ingredientes

Cigala:
- 8 cigalas grandes peladas
- láminas finas de pan cortadas con la máquina cortafiambres

Puré de apionabo:
- 1,4 litros de agua
- 600 ml de leche
- 600 g de apionabo pelado y cortado en dados
- 200 ml de nata doble
- 75 ml de aceite de oliva virgen

Ensalada de brotes:
- 8 ramas de perifollo fresco deshojado
- 8 hojas de cilantro fresco
- 4 hojas troceadas de menta fresca
- 2 hojas troceadas de albahaca fresca
- 2 ramas de hinojo fresco deshojado
- 2 ramas de estragón fresco deshojado
- 8 pétalos de flores comestibles
- 8 tallos de cebollino fresco

Juliana de apionabo:
- 150 g de apionabo crudo en láminas finas

Elaboración

Cigalas:

1. Atravesar las cigalas a lo largo con un palillo de madera, para que al saltearlas no se curven y queden derechas.

2. Envolver la cola de las cigalas con las láminas finas de pan, consiguiendo así convertirlas en un rollo envuelto. Hacerlo sobre una tabla, estirando las láminas de pan y apoyando las cigalas sobre ellas.

3. Reservarlas.

Puré de apionabo:

1. En un cazo, mezclar la leche con el agua y el apionabo troceado, arrimando a fuego suave durante 30 min.

2. Escurrirlo y meterlo en el vaso de una batidora, accionando la máxima potencia mientras añadimos la nata y el aceite de oliva virgen.

3. Rectificar la sazón.

Ensalada de brotes:

1. Seleccionar minuciosamente las hojas y lavarlas en agua helada.

2. Secarlas con cuidado.

Juliana de apionabo:

1. Sobre una tabla, con un cuchillo afilado, cortar las láminas en tiras muy finas, que refrescaremos en un baño de agua helada para que queden tiesas y rizadas.

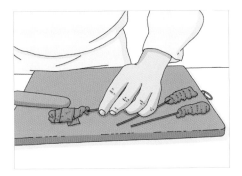

Acabado y presentación

- En una sartén antiadherente, con una gota de aceite de oliva dorar cuidadosamente las cigalas por todas sus caras, para que el pan se dore y el interior quede jugoso y nacarado.

- Sobre los platos, colocar una buena cucharada de puré y, a un lado, las cigalas recién tostadas.

- Aliñar los brotes y la juliana escurrida de apionabo con aceite de oliva virgen y una pizca de sal, removiendo delicadamente.

- Colocar la ensalada sobre las cigalas.

TRUCO

Para saltear las cigalas es importante que no estén recién salidas de la nevera; al revés, es mejor atemperarlas un rato antes para que el calor se les filtre lo justo y no queden frías. Buscamos conseguir un bocadillo crujiente de cigala, caliente y muy poco hecho por dentro.

VIEIRA SOBRE TOSTADA HOJALDRADA Y PATATA

n.º de comensales: 4

Ingredientes

Tostada hojaldrada:

- 1 plancha de hojaldre fresco

Fondo de patata:

- 125 g de cebolleta picada
- 30 g de mantequilla
- 125 g de tocineta ibérica en dados
- 300 g de patatas cocidas, peladas y cortadas en dados de 2 x 2 cm.
- 300 ml de nata
- sal

Vinagreta de corales:

- 100 g de corales de vieira
- 50 ml de sopa de pescado o salsa americana
- 1 cucharada de mostaza suave
- 50 ml de vinagre balsámico
- 100 ml de aceite de oliva virgen extra

Vieiras salteadas:

- 8 vieiras limpias (la nuez blanca)

Elaboración

Tostada hojaldrada:

1. Sobre una mesa, estirar el hojaldre cuidadosamente con la ayuda de un rodillo.

2. Con un vaso o un cortapastas hacer unas circunferencias y colocarlas entre dos hojas de papel sulfurizado, bien estiradas y separadas las unas de las otras.

3. Colocarlo sobre una bandeja de horno con peso encima, para que el hojaldre no desarrolle, y hornearlo durante 20 min a 170 °C.

4. Sacarlas del horno y dejarlas enfriar.

Fondo de patata:

1. En una cacerola ancha, sofreír la cebolleta con la mantequilla a fuego muy suave durante 10 min.

2. Incorporar la tocineta y rehogar un poco más, dejando que coloree.

3. Añadir la patata en dados y la nata y dejar hervir suavemente, sazonando ligeramente. Hay que dejarlo caldoso, porque al enfriar se espesa y al calentar vuelve a quedar cremoso.

4. Remover cuidadosamente para que no se deshaga la patata y evitar que quede puré.

Vinagreta:

1. Limpiar los corales naranjas de las vieiras para eliminar los rastros de suciedad o arena.

2. Saltearlos unos segundos en una sartén con una gota de aceite. Escurrirlos y enfriarlos.

3. Introducirlos en el vaso de un batidora con la sopa o salsa americana, añadir la mostaza y el vinagre y triturar a máxima potencia, vertiendo el aceite en fino hilo como si de una mahonesa se tratara, para emulsionar la salsa.

4. Rectificar la sazón.

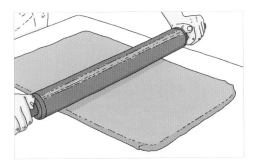

Acabado y presentación

- Partir la nuez de la vieira en 2 o 3 escalopes, según el tamaño de la pieza y salpimentarla.

- Colocar la tostada de hojaldre como base del plato y sobre ella, amontonar una buena cantidad de fondo de patata.

- En una sartén antiadherente, con una gota de aceite de oliva, dorar ligeramente las vieiras durante unos segundos, con la precaución de que queden doradas por fuera y jugosas en su interior.

- Colocar las vieiras recién hechas sobre la patata y rociar con la vinagreta de corales.

TRUCO

Podemos sustituir el hojaldre horneado por alguna tartaleta de calidad que podamos comprar en una pastelería de confianza.

CEVICHE DE LUBINA CON NARANJA, MAÍZ TOSTADO Y BONIATO

n.º de comensales: 4

Ingredientes

Leche de tigre:

- 500 ml de caldo de pescado
- 10 g de ajo
- 40 g de apio
- 5 g de cilantro
- 60 g de ají amarillo
- 10 g de ají limo
- 75 ml de zumo de lima
- 75 ml de zumo de limón
- 150 g de recortes de carne de lubina
- 5 g de jengibre
- una pizca de sal y pimienta

Puré de naranja:

- 350 g de piel de naranja
- 1 litro de agua
- 400 g de azúcar

Boniato y maíz:

- 1 boniato
- 1 mazorca de maíz cocida
- aceite de girasol

Ceviche de lubina:

- 170 g de tacos de lubina sin piel
- una pizca de sal y pimienta
- leche de tigre y puré de naranja
- cebolleta cruda
- una pizca de cilantro

Elaboración

Leche de tigre:

1. En el vaso de una batidora colocar el caldo junto con los ajos, el apio, el cilantro y la sal.

2. Añadir los ajíes bien limpios, sin pepitas ni membranas blancas interiores.

3. Incorporar el resto de los ingredientes, accionar la máxima potencia y pasar la mezcla por un colador.

Puré de naranja:

1. Hervir el agua con el azúcar y hacer un almíbar.

2. Aparte, escaldar tres veces la piel de la naranja, partiendo cada vez de agua fría, para eliminar el amargor.

3. Sumergir las pieles escurridas en el almíbar y cocinarlo a fuego muy suave durante 1 hora.

4. Pasado ese tiempo, escurrir la piel confitada y triturarla con una pizca de almíbar para convertirla en un puré muy fino.

Boniato:

1. Cocerlo con su piel en abundante agua salada a fuego suave hasta que esté tierno.

2. Escurrirlo y dejarlo enfriar.

3. Pelarlo y trocearlo en tacos gruesos, que pasaremos vuelta y vuelta por una sartén antiadherente, sin grasa, para darle un ligero toque tostado

Maíz:

1. Tostar las mazorcas ya cocidas y desgranadas en la misma sartén con una pizca de aceite de girasol a media potencia, hasta que los granos se tuesten y desprendan un olor apetitoso.

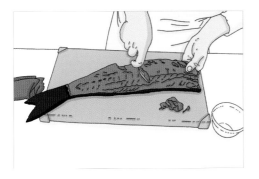 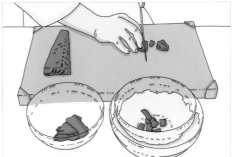

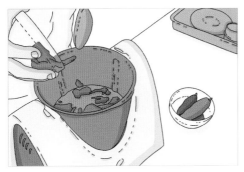 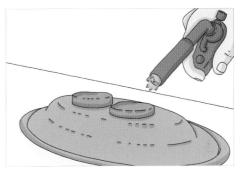

Acabado y presentación

- Para el ceviche de lubina, salpimentar los tacos sin piel en un bol y cubrirlos con la mitad de la leche de tigre durante 6 min aprox.

- Escurrir el pescado y sumergirlo en el resto de la leche de tigre mezclada con 50 g de puré de naranja, dejándolo otros 6 min más.

- Una vez pasado ese tiempo, escurrir el pescado y colocarlo en un plato, guarneciendo con el maíz y el boniato.

- Rematar con un poco de leche de tigre, cebolleta cruda cortada en tiras finas y una pizca de cilantro.

TRUCO

Para obtener recortes de cualquier pescado, podemos utilizar una cuchara y rascar con ella los huecos de la espina cruda para conseguir carne fresca desmigada, que podremos utilizar para patés, rellenos o cualquier elaboración.

CHICHARRO CON REFRITO, PIPERRADA Y MOJO VERDE

n.º de comensales: 4

Ingredientes

Piperrada:

- 1 cebolla picada
- 1 pimiento rojo en dados
- 3 pimientos verdes en dados
- 1 calabacín pequeño en dados
- 1 berenjena pequeña en dados
- 2 cucharadas de salsa de tomate
- 2 cucharadas de aceite de oliva

Mojo verde:

- 15 g de perejil
- 75 g de cilantro
- una punta de pimiento verde
- 1/2 aguacate
- 1 cucharada de vinagre de vino blanco
- 250 ml de aceite de girasol
- 1 ramita de tomillo
- 2 dientes de ajo sin germen
- 1/2 cucharadita de orégano
- 1/2 cucharadita de comino
- 1/2 pimiento habanero
- sal

Refrito:

- 3 dientes de ajo laminados
- 1 tomate fresco en dados
- 5 cucharadas de aceite de oliva
- 2 cucharadas de vinagre de sidra
- 1 cucharadita de perejil picado

Chicharro:

- 4 filetes de chicharro de 200 g cada uno
- 1 cucharada de aceite de oliva
- sal

Elaboración

Piperrada:

1. En una olla baja, poner a sofreír en el aceite de oliva los pimientos y la cebolla durante 25 min a fuego suave.

2. Pasado ese tiempo, añadir la berenjena y el calabacín, y seguir guisando 15 min más.

3. Cuando la verdura esté sofrita, añadir la salsa de tomate y remover para que reduzca y tome un aspecto apetecible.

4. Dejar que se sofría 5 min más y rectificar la sazón.

Mojo verde:

1. Poner todos los ingredientes en el vaso de una batidora, salvo el aceite, del que añadiremos solo 100 ml.

2. Añadir un tiento de agua, para ayudar a que se forme una crema lisa, y accionar la máxima potencia.

3. Después de 3 min a la máxima potencia y con una crema ya formada, añadir los 150 ml de aceite restantes en hilo fino, como si de una mahonesa se tratara, hasta conseguir una salsa lisa y untuosa.

4. Rectificar la sazón.

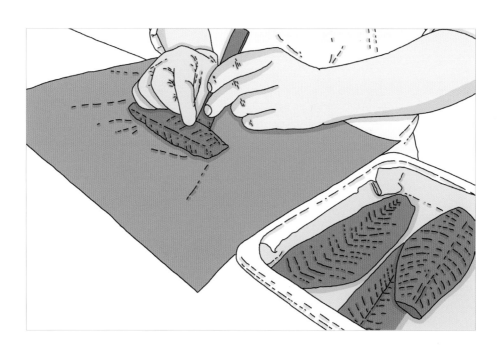

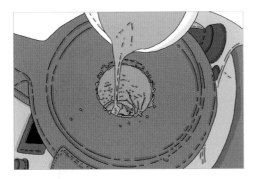 

Acabado y presentación

Refrito:

- Dorar en una sartén las láminas de ajo.

- Cuando hayan adquirido un bonito color rubio, retirar la sartén del fuego e incorporar inmediatamente los dados de tomate, el vinagre, el perejil y la sal, dando unas vueltas.

- Mantener el refrito fuera del fuego, caliente.

Chicharro:

- En una sartén antiadherente, dorar durante 1 o 2 min por cada lado el pescado previamente sazonado, sin que se seque.

- Escurrirlo y colocarlo en el plato junto con la piperrada caliente y el mojo verde.

- Rociar el pescado con el refrito.

TRUCO

Para conservar el color verde del mojo es importante hundir el hueso del aguacate en la salsa una vez hecha y colocada en el bol. También es importante cubrir «a piel» el mojo con papel de plástico alimentario para evitar que la salsa se oxide.

LUBINA ASADA CON APIONABO AL PIMENTÓN

n.º de comensales: 4

Ingredientes

Crema de apionabo:

- 25 ml de aceite de oliva virgen extra
- 1 diente de ajo laminado
- 300 g de apionabo crudo pelado en dados gruesos
- 100 ml de caldo
- 500 ml de agua
- 200 ml de nata
- 50 g de mantequilla
- sal

Apionabo salteado:

- 200 g de apionabo crudo pelado

Risotto de apionabo:

- 200 g de apionabo salteado
- 100 g de crema de apionabo
- 20 g de mascarpone
- 20 g de parmesano rallado
- 20 g de mantequilla
- cebollino picado
- sal y pimienta

Además:

- 4 lomos de lubina de 120 g cada uno

Elaboración

Crema de apionabo:

1. Poner en una olla rápida el aceite de oliva junto con el ajo laminado y, cuando comience a dorar, añadir el apionabo, el caldo, el agua y la nata.

2. Cerrar la tapa y cocer 20 min a fuego medio, desde que sube la válvula.

3. Pasado ese tiempo, escurrir el contenido en el vaso de una batidora y triturar a la máxima potencia añadiendo la mantequilla.

4. Colar y rectificar la sazón.

Apionabo salteado:

1. Cortar el apionabo en láminas de 0,5 cm de grosor y, luego, con la ayuda de un cuchillo, hacer tiras largas y dados minúsculos, del tamaño de un grano de arroz o una lenteja.

2. Saltear los dados en una sartén antiadherente con una gota de aceite durante unos segundos y escurrirlos, dejándolos al dente, duritos.

3. Reservarlos.

Risotto de apionabo:

1. En un cazo, colocar el apionabo salteado y añadirle la crema, dándole un ligero hervor hasta que reduzca y tome aspecto de risotto.

2. Fuera del fuego, mantecar con el resto de los ingredientes, que se añadirán sin dejar de remover.

3. Rectificar la sazón y añadir el cebollino.

Acabado y presentación

- Mantener la piel del pescado, ya que le da mucho sabor, y salpimentar los lomos de lubina con 15 min de antelación para que le entre bien la sazón.

- En una sartén, con una pizca de aceite de oliva, asarlos primero por la piel, dejándola bien tostada, y terminando por la cara opuesta hasta que quede en un punto nacarado.

- Servir con el risotto, la crema de apionabo y una ensalada refrescante de brotes frescos y apionabo crudo en tiras, aliñada con aceite de oliva, sal y vinagre de Jerez.

TRUCO

Se puede sustituir el apionabo por patata y darle un punto a la crema añadiendo una pizca de raíz de apio. Igualmente, podemos acomodar el pescado que más nos guste a la fórmula, empleando merluza, bacalao fresco, salmonete, gallo o pequeños lomos de jurel o caballa.

MARINERA DE NAVAJAS CON TOMILLO

n.º de comensales: 4

Ingredientes

Salteado de navajas:

- 1 kg de navajas crudas

Jugo de mejillón:

- 75 g de mantequilla
- 2 cebolletas picadas
- 6 chalotas picadas
- 1 verde de puerro picado
- una pizca de tomillo
- una punta de apio
- 750 ml de vino blanco
- 3 kg de mejillones crudos
- pimienta negra

Salsa marinera:

- 100 ml de jugo de mejillón
- 50 g de mantequilla
- 15 ml de zumo de limón
- perejil picado

Además:

- setas
- tallos de puerro
- una pizca de mantequilla

Elaboración

Salteado de las navajas:

1. Sazonar generosamente con sal un gran bol de agua helada y sumergir en él las navajas crudas, dejándolas así 12 horas.

2. Pasado ese tiempo, y con la ayuda de una puntilla, las abrimos y separamos los cuerpos, que cocinaremos en el último momento, cuando rematemos el plato.

3. Mantener mientras tanto las navajas en la nevera.

Jugo de mejillón:

1. Hacer sudar en una cazuela con la mantequilla la cebolleta, la chalota, el puerro, el tomillo y el apio durante 5 min.

2. Echar el vino blanco y hervir otros 5 min.

3. Meter los mejillones, añadir unas vueltas de pimienta negra, cubrir y hervir 3 min.

4. Pasado este tiempo, reposar durante 5 min fuera del fuego y cubierto.

5. Destapar y escurrir los mejillones, decantar el jugo con cuidado para que no arrastre las impurezas.

6. Los cuerpos los podemos congelar para utilizarlos en otras elaboraciones, hacer rellenos o croquetas.

Salsa marinera:

1. Reducir al fuego, en una pequeña sartén, el jugo de mejillón hasta que quede la mitad.

2. Añadir la mantequilla sin dejar de batir con unas varillas, para que monte la salsa.

3. Al final, echar el zumo y el perejil picado, rectificando la sazón.

Acabado y presentación

- A la hora de servir, introducir las navajas crudas en la salsa marinera caliente, fuera del fuego, dejando que se les filtre el calor.

- Con una pizca de mantequilla, saltear ligeramente en una sartén antiadherente las setas y los tallos de puerro, para que queden muy crocantes.

- Colocar las navajas escurridas en el fondo de un plato hondo y guarnecerlas con las setas y los puerros, rociando con una pizca de la salsa marinera.

- Colocar el resto de la salsa en una salsera y servirla aparte.

TRUCO

En vez de navajas, para elaborar esta receta podemos emplear almejas, vieiras, zamburiñas o berberechos. Las verduras y las setas de guarnición pueden variar según nuestros gustos, incorporando algunas hierbas frescas aromáticas al final, como el eneldo o el perifollo.

LOMOS DE MERLUZA CON ALMEJAS, ALBARIÑO Y TOMATE

Ingredientes

- 4 lomos de merluza de 200 g cada uno
- 4 cucharadas de aceite de oliva virgen extra
- 1 cayena
- 4 ajos tiernos frescos
- 200 ml de vino albariño
- 300 ml de salsa de tomate frito
- 450 g de almejas
- 1 cucharada de perejil picado

Elaboración

1. En una cazuela ancha y baja, en la que quepan holgadamente todos los lomos de pescado, verter 3 cucharadas de aceite y la cayena, rota con las manos si es seca, o picada a cuchillo si es fresca.

2. Sobre una tabla, picar finamente los ajos tiernos y añadirlos junto a la cayena, arrimando la cazuela a fuego muy suave.

3. Cuando el ajo comience a bailar y a ablandarse ligeramente, añadir el albariño y dejar que hierva un par de minutos.

4. Añadir la salsa de tomate y dejar que hierva pausadamente por espacio de 5 min, para que concentre ligeramente el sabor y quede una salsa bien ligada y espesa.

Acabado y presentación

- Colocar los lomos de merluza sazonados prudentemente con la piel hacia arriba y la carne tocando el fondo de la cazuela, rodeados de las almejas, bien lavadas previamente.

- Dejar que arranque tímidamente el hervor y esperar 3 minutos, dando únicamente vuelta a los lomos. En esta ocasión, colocar la piel hacia abajo, tocando el fondo de la cazuela.

- Veremos como las almejas empiezan a abrirse y a soltar los jugos. Dejar que hierva un par de minutos más el conjunto.

- Cuando estén abiertas todas las almejas, añadir el perejil picado y la cucharada de aceite de oliva restante, meneando en vaivén para que el guiso quede ligado y la salsa con un aspecto apetecible.

TRUCO

Si queremos que la salsa quede aún más ligada y trabada, podemos añadir una pizca de harina cuando sofreímos los ajos, antes de añadir el tomate. Podemos sustituir la merluza por bacalao fresco y las almejas por mejillones pequeños o berberechos.

BACALAO CON TIMBAL DE PATATA Y PILPIL DE CEBOLLINO

n.º de comensales: 4

Ingredientes

Timbal de patata:
- 200 ml de nata
- romero y tomillo frescos
- 1,5 kg de patatas peladas

Pilpil de cebollino:
- 300 ml de aceite de oliva virgen extra
- 300 ml de aceite de oliva suave
- 1 cabeza de ajo pelada y fileteada
- 400 g de pieles de bacalao desalado
- 5 cucharadas soperas de cebollino picado

Bacalao confitado:
- 4 lomos de bacalao desalado de 150 g

Elaboración

Timbal de patata

1. Colocar en un cazo la nata y unas ramitas de romero y tomillo, y arrimar a fuego suave.

2. En cuanto arranque un ligero hervor, apartar del fuego y cubrir con un plato para que la nata agarre todo el gusto.

3. Mientras, cortar las patatas bien finas con una mandolina, salpimentarlas e ir haciendo capas en el interior de un molde de *plum cake*, alternando patatas y cucharadas de nata infusionada con hierbas.

4. Cuando terminemos con las últimas patatas, cubrir el molde con papel de aluminio y hornearlo a 130 °C durante 1 hora y 45 min.

5. Pasado ese tiempo, quitarle el aluminio y subir la temperatura a 170 °C, cocinando el timbal 15 min más.

6. Sacarlo del horno y dejarlo reposar la menos 1 hora, para que se asiente bien.

Pilpil de cebollino

1. Poner los ajos a dorar a fuego muy suave en una cazuela con los dos tipos de aceite, hasta que tengan un bonito color dorado.

2. Escurrirlos con una espumadera y añadir las pieles, manteniendo el conjunto a una temperatura de 70-80 °C durante unos minutos.

3. Veremos que en el fondo de la cazuela se acumula la gelatina del bacalao y que el aceite se enturbia, con lo que podremos montar el pilpil casi con la mirada.

4. Apartar la cazuela del fuego y dejar que temple ligeramente para poder emulsionar el pilpil con ayuda de una varilla, batiendo suavemente.

5. Una vez montado, añadir el cebollino picado.

Bacalao confitado

1. Colocar los lomos de bacalao, embadurnados con una pizca de aceite, en una bandeja y hornearlos a 150 °C durante unos 12 min.

2. Soltarán un jugo apetitoso en el fondo, que podremos añadir a la salsa pilpil para hacerla aún más sabrosa.

Acabado y presentación

- Cortar el timbal de patata en rebanadas gruesas y colocarlo en el plato.

- Si queremos darle un puntillo, podemos saltear las lonchas de timbal en una sartén antiadherente con un vuelta y vuelta para que ofrezcan una cara tostada más apetitosa.

- Colocar los lomos de bacalao junto al timbal y salsear con el pilpil de cebollino.

TRUCO

Para ligar el pilpil sin dificultad, escurrir el aceite poco a poco, dejando la gelatina en el fondo de la cazuela. Con ayuda de un colador, y apoyando la malla abombada contra el fondo, dar vueltas para que se forme la salsa pilpil, que irá engordando al ir añadiendo el aceite escurrido, lentamente, para emulsionar la salsa.

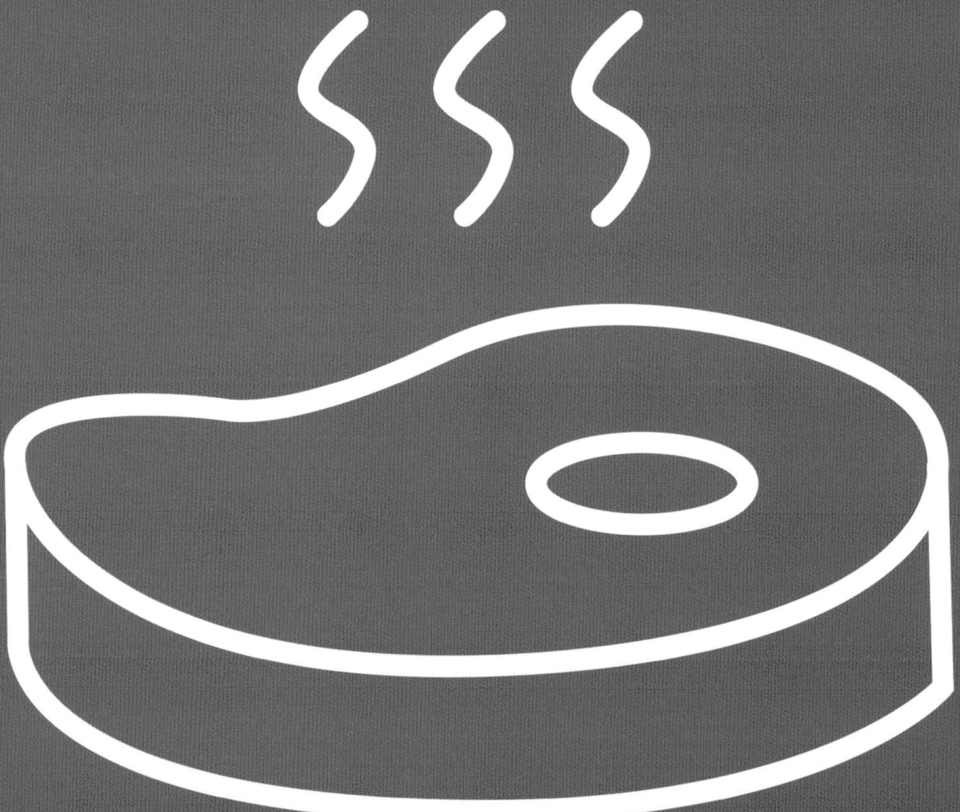

CARNES Y AVES

ALBÓNDIGAS EN SALSA DE HONGOS

n.º de comensales: 4

Ingredientes

Albóndigas:
- 95 g de cebolleta picada
- 1 cucharada de aceite de oliva virgen extra
- 375 g de carne de ternera picada
- 125 g de carne de cerdo ibérico picada
- 1 yema de huevo
- 1 huevo entero
- 1 cucharada de ajo picado
- 1 cucharada de perejil picado
- 2 cucharadas de pan rallado
- un puñado de migas de pan
- 1 cucharada de leche
- sal
- harina

Salsa:
- 500 g de cebolleta picada
- 1 diente de ajo picado
- 500 g de hongos picados en dados
- 4 cucharadas de aceite de oliva
- 500 ml de caldo de carne
- 500 ml de agua

Elaboración

Albóndigas:

1. Rehogar la cebolleta en el aceite de oliva hasta que sude, pero sin coger color.

2. En un bol, poner la carne de cerdo y la de ternera, los huevos, el ajo picado, el perejil, el pan rallado, las migas de pan y la leche.

3. Amasar con las propias manos y añadir la cebolleta, previamente rehogada.

4. Añadir sal.

5. Hacer pequeñas bolas de carne y pasarlas por un poco de harina.

6. Freírlas en una sartén con aceite de oliva, a fuego muy fuerte para que hagan una costra crujiente por fuera y estén crudas y tiernas por dentro.

7. Escurrirlas sobre papel absorbente en una fuente.

Salsa:

1. En una cazuela, rehogar la cebolleta en el aceite de oliva junto con el ajo por espacio de unos 20 min.

2. Pasado ese tiempo, añadir los hongos y rehogarlos durante 15 min hasta que pierdan la humedad.

3. Verter sobre el sofrito el caldo y el agua, dejando que cueza 20 min más.

4. Transcurrido ese tiempo, triturarlo todo en una batidora de vaso y ponerlo a punto de sal. Si queremos que quede la salsa bien fina, pasarla a través de un colador.

Acabado y presentación

- Colocar la salsa en una cazuela ancha y baja, darle un hervor y rectificar la sazón.

- Introducir las albóndigas en la salsa y calentarlas ligeramente.

TRUCO

Para evitar que se sequen, no se deben hervir demasiado las albóndigas en la salsa; tienen que quedar sonrosadas en su interior y tiernas. Para comprobarlo, basta con romper una de ellas, ver el punto de cocción y, al terminarlas, ligarlas con un chorretón de aceite de oliva y perejil picado, meneando bien la cazuela.

CORDERO CON SETAS Y AJOS

n.º de comensales: 4

Ingredientes

- 1,5 kg de paletilla de cordero lechal en trozos medianos
- 1 cebolleta grande
- 500 g de hongos *Boletus edulis*
- 3 dientes de ajo machados
- 6 pimientos choriceros abiertos y remojados en agua
- una pizca de harina
- 50 ml de vino blanco seco
- 2 tomates maduros rallados
- 25 dientes de ajo pelados
- un trozo de tocino de jamón
- 1 ramita de romero
- 1 cucharada de miel
- 1 ramillete de perejil
- sal y pimienta

Elaboración

1. La paletilla estará deshuesada por el carnicero y troceada en pedazos medianos.

2. En una olla amplia, con aceite de oliva, dorar los trozos de carne por todas sus caras, salpimentando generosamente.

3. Mientras, picar la cebolleta y limpiar los hongos cuidadosamente, con ayuda de un trapo humedecido con agua.

4. Eliminar los restos de tierra adheridos a la base de las setas con una puntilla afilada y con un trapo quitar toda la tierra y las hojas que estén pegadas al sombrero.

5. Cuando la carne esté bien sofrita, retirarla a una fuente.

6. En el fondo, añadir la cebolleta picada, los ajos machados con su piel y los pimientos choriceros, sazonando generosamente.

7. Sofreír unos minutos hasta que quede bien tierno y añadir la harina, removiendo con una cuchara de madera.

8. En el momento que esté bien cocinada, devolver de nuevo al fondo de la olla los dados de cordero sofritos, añadiendo el vino blanco, el tomate rallado y el agua de remojo de los pimientos choriceros, sazonando de nuevo.

9. Guisar 1 hora a fuego suave, hasta que la carne quede tierna.

10. Mientras, cubrir los dientes de ajo pelados en un cazo estrecho con aceite de oliva, el tocino y la rama de romero, confitando a fuego suave durante 25 min aprox.

Acabado y presentación

- Escurrir la carne del guiso con ayuda de una espumadera y reservarla.

- Triturar la salsa con ayuda de un pasapurés o, mejor aún, de una batidora americana de vaso, pasándola por un fino colador para que quede bien lisa.

- Devolver los trozos de carne a la salsa y darles un hervor para que el guiso se integre, añadiendo la miel en pleno hervor y rectificando la sazón.

- Además, escurrir los ajos confitados con un colador.

- En una sartén, dorar los hongos troceados con una pizca del aceite de los ajos y salpimentarlos.

- Una vez bien dorados, añadir los ajos confitados escurridos y el perejil picado.

- Añadir la guarnición sobre el cordero estofado y servir.

TRUCO

En su defecto, podemos sustituir los *Boletus edulis* por cualquier otra seta de temporada: níscalos, trompetas de la muerte, setas de cardo, robellones o champiñones.

OSOBUCO EN SU JUGO CON PURÉ

n.º de comensales: 4

Ingredientes

Osobuco:

- 1 kg de osobuco en 2 rodajas bien gruesas
- 250 ml de vino blanco
- 1 pata de cerdo limpia
- 1 cebolla roja
- 2 zanahorias
- 1 puerro
- 1 tomate
- tallos de perejil, romero y salvia
- 1 cucharada de pimienta negra
- ½ anís estrellado
- 1 clavo de olor
- un trozo de macis
- 1 cucharada de pulpa de pimiento choricero
- 1 chorrazo de brandy
- 4 dientes de ajo con piel
- 1 hoja de laurel
- 1 cucharada de harina
- sal y pimienta

Puré de apionabo:

- 1 bola de apionabo pelada y cortada en dados hermosos
- 1 patata pelada
- 300 ml de leche
- 300 ml de nata
- 1 cucharada de mantequilla

Elaboración

Osobuco:

1. Salpimentar el osobuco por todos sus lados y hervir en un pequeño cazo el vino, para eliminar el alcohol.

2. En una olla, amplia y baja, con una pizca de aceite, dorar los trozos de carne hasta que queden bien tostados.

3. Retirarlos a un plato y hacer lo mismo con la pata de cerdo, dorándola lo mejor que se pueda, sin quemarla, retirándola también al mismo plato que la carne.

4. Eliminar el resto de la grasa y añadir al fondo de la cazuela un hilo de aceite de oliva limpio, suavizando la intensidad del fuego.

5. Mientras, trocear todas las verduras en pedazos hermosos y añadirlos al fondo del puchero, con una pizca de sal, removiendo con una cuchara de palo.

6. Hacer el atadillo con las hierbas e incorporarlo al fondo del sofrito.

7. Añadir las especias, remover e incorporar la pulpa de pimiento choricero y el brandy.

8. Por último, meter los ajos machados, el laurel y una pizca de harina, sofriendo para recoger los jugos que se queden pegados al fondo.

9. Añadir el vino hervido e incorporar la carne dorada y la pata de cerdo, cubriendo con agua caliente y sazonando en cuanto arranque el hervor.

10. Guisar, siempre cubierto, a fuego suave durante 2-3 horas. Si utilizamos la olla rápida, el tiempo de cocción se reduce hasta los 50 min aprox.

Puré de apionabo:

1. En una cazuela amplia y baja, colocar el apionabo cortado en dados con la patata troceada y cubrirlo con la leche, la nata y una pizca de sal.

2. Arrimar a fuego suave y cocer durante 30 min aprox.

3. Escurrir la pulpa cocida y reservar el líquido lácteo de cocción.

4. Meter la pulpa en el vaso de una batidora americana y accionar la máxima potencia, añadiendo poco a poco el líquido caliente, hasta conseguir una textura cremosa y densa de puré.

5. Pasarlo a través de un colador de malla fina e incorporar la mantequilla, batiendo con unas varillas y poniendo a punto de sal y pimienta.

Acabado y presentación

*   Volviendo al osobuco, pasadas las 2-3 horas de cocciónse, escurrir la carne tierna y reservarla en una fuente.

*   Filtrar el jugo resultante, que será sabroso y muy intenso, y reducirlo a fuego muy suave hasta que gane sabor y vaya cogiendo densidad al concentrar la gelatina.

*   Deshuesar la pata de cerdo y picarla en pedazos menudos.

*   Devolver la carne de osobuco guisada a la salsa, dándole un meneo, añadiendo también la pata.

*   Hervir suavemente 10 min hasta que reduzca y la salsa brille aún más.

*   Rectificar la sazón, añadiendo pimienta molida.

*   Servir el puré con el osobuco.

TRUCO

La salsa de carne engorda por reducción de los jugos puestos al fuego, así que si quedara la salsa fuerte podemos añadir una pizca de agua para suavizarla y unos dados de mantequilla fría que la dejarán como la seda.

LENGUA CON PIPERRADA AL HORNO

n.º de comensales: 4

Ingredientes

- 1 lengua de ternera grande
- 1 kg de cebolletas
- 1 pimiento morrón verde
- 2 pimientos morrones rojos
- 100 ml de aceite de oliva
- 400 ml de salsa de tomate frito
- 300 ml de caldo de carne
- sal y pimienta
- una pizca de azúcar
- una pizca de vinagre de sidra

Elaboración

1. Para la cocción de la lengua, desangrarla en agua con hielo durante 12 horas; es decir, sumergirla en agua helada y tenerla en remojo en la nevera durante todo ese tiempo.

2. Con este proceso, conseguiremos blanquearla y eliminarle cualquier rastro de sangre.

3. Escurrirla y cocerla en abundante agua puesta al fuego en una olla hermosa, con abundante sal.

4. Hervirla a fuego muy pausado durante 4 horas aprox., o hasta que la lengua esté tierna.

5. Comprobarlo pinchando con una puntilla afilada, que deberá entrar y salir sin dificultad en la carne, sinónimo de su terneza.

6. Escurrirla y, una vez que podamos manipularla con facilidad, sin quemarnos, pelarla perfectamente.

7. Sobre una tabla, y con ayuda de un cuchillo bien afilado, cortarla en lonchas finas, repartiéndolas sobre una fuente que pueda ir al horno.

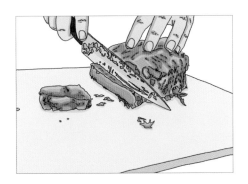

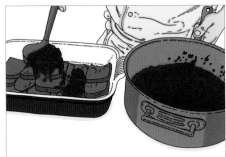

Acabado y presentación

- Precalentar el horno a 180 °C. Mientras se esté cociendo la lengua, será el momento de ir sofriendo la piperrada.

- En una olla amplia, sofreír las cebolletas en tiras muy finas con el aceite de oliva y la sal.

- Cuando estén bien sofritas, e incluso tomen un aspecto ligeramente dorado, añadir los pimientos cortados también en tiras muy finas, dejando que sofrían conjuntamente hasta que el agua de vegetación de los pimientos se evapore.

- Añadir el caldo de carne y dejar que hierva y se evapore por completo, para que la verdura prácticamente se convierta en una crema.

- Añadir el tomate y guisarlo 20 min más, rectificando la sazón, añadiendo sal, pimienta, azúcar y una pizca de vinagre.

- Una vez hecho eso, repartir esta piperrada con tomate sobre la lengua rebanada y repartida en la fuente, que debe quedar bien cubierta de salsa.

- Meterla en el horno unos 25 min, hasta que la superficie quede bien tostada.

TRUCO

Este plato resultará aún más suculento si colocamos patata cocida cortada en rebanadas finas debajo de la lengua, antes de cubrir con la piperrada y de meterla en el horno. Podemos perfumar la piperrada con hojas de albahaca frescas si queremos darle un punto italiano al guiso.

COSTILLAS DE CERDO ADOBADAS

n.º de comensales: 4

Ingredientes

Costillas:
- 1,5 kg de costillar de cerdo
- 1 cebolleta
- 1 puerro
- 1 zanahoria
- 3 dientes de ajo
- 1 vaso pequeño de vino blanco
- sal

Adobo:
- 1 diente de ajo
- 90 ml de salsa de tomate
- 10 cucharadas de kétchup
- 120 g de miel
- 2 cucharadas de vinagre de Jerez
- 3 cucharadas de azúcar moreno
- 1 cucharadita de pimentón de la Vera
- un chorro de salsa picante
- un chorro de salsa Worcestershire
- sal y pimienta

Elaboración

Costillas:

1. Disponer las costillas de cerdo en dos tiras anchas y colocarlas en el fondo de una cazuela amplia cubiertas de agua, añadiendo las verduras limpias, enteras.

2. Añadir el vino blanco y arrimar a fuego suave.

3. En el momento que arranque el hervor, retirar con ayuda de una cuchara o una espumadera todas las impurezas que se acumulen en la superficie, dejando que las tiras de costilla cuezan a fuego muy suave unos 50 min aprox., o hasta que clavemos la carne con una puntilla afilada y veamos que no ofrece resistencia.

4. Escurrirlas y dejarlas enfriar.

5. Podemos utilizar el caldo de cocción para guisar o hacer una sopa.

Adobo:

1. Picar el ajo finamente con ayuda de un cuchillo y meterlo en un bol.

2. Añadir el resto de los ingredientes y mezclarlos perfectamente.

3. Si la miel está algo solidificada, ablandarla unos segundos en el microondas.

 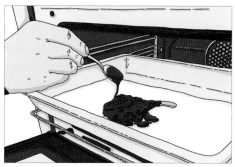

Acabado y presentación

- Colocar las costillas, con el lado del hueso hacia arriba, sobre una bandeja de horno y pincelarlas generosamente con el adobo recién hecho.

- Introducirlas en el horno durante 15 min.

- Pasado ese tiempo, dar la vuelta a las costillas, colocándolas esta vez por el lado de la carne, y volver a pincelarlas con más adobo, introduciéndolas de nuevo en el horno para que terminen de tomar ese aspecto brillante y apetecible.

- Retirarlas del horno y dejarlas reposar unos minutos sobre una tabla antes de trincharlas.

- Partirlas con ayuda de un cuchillo, deslizando el filo entre hueso y hueso, por el rastro magro que deja la carne.

- Servirlas con tiras de puerro fritas en aceite de oliva, a modo de chips.

TRUCO

Decidle al carnicero que os provea de las costillas del chuletero, porque son las tiras más sabrosas y con más carne.

CARRILLERAS DE TERNERA GUISADAS AL OLOROSO

n.º de comensales: 4

Ingredientes

- 3 kg de carrilleras de ternera
- 1 kg de cebollas
- 1 kg de cebollas moradas
- 200 g de zanahorias
- 150 g de blanco de puerro
- 150 g de pimientos verdes
- 150 g de pimientos rojos
- 1 ramillete de perejil
- 75 ml de vino oloroso
- 125 ml de vino blanco seco
- 300 g de tomate frito
- 75 g de pulpa de pimiento choricero
- 175 g de pimientos del piquillo
- 3 litros de caldo
- 4 litros de agua
- aceite de oliva

Elaboración

1. Sobre una tabla, y con la ayuda de un cuchillo bien afilado, trocear la carne en pedazos de 4 x 3 cm, eliminando todo rastro de grasa o pellejos que puedan tener las carrilleras.

2. Sazonar los dados generosamente y dorarlos a fuego vivo en una cazuela bien ancha, con un buen golpe de aceite de oliva.

3. Menear la carne hasta que forme una película tostada, moderando el fuego para que no se queme demasiado.

4. Una vez toda la carne esté dorada, escurrirla y pasarla a una fuente.

5. En el fondo en el que tostamos la carne, añadir todas las verduras bien picadas con un pellizco de sal, dando vueltas y moderando la temperatura para que se sofrían uniformemente durante 30 min aprox.

6. Enseguida, añadir el vino oloroso y el vino blanco, cuyo alcohol debe evaporarse al fuego.

7. Unos minutos más tarde, añadir el tomate frito, la pulpa de pimiento choricero y los piquillos, rehogando durante 15 min más.

8. Añadir el caldo y el agua calientes, guisando el conjunto durante 30 min más.

9. Triturar la salsa con ayuda de una batidora tipo túrmix o vaso americano, dejándola bien fina.

Acabado y presentación

- Cuando la salsa esté bien lisa y guisada, incorporar los trozos de carne dorados y dejarlos guisar a fuego medio por espacio de 4 horas aprox., o hasta que veamos que la carne se ablanda. Si la carne se guisa antes de que la salsa espese, es mejor retirarla a una bandeja y dejar que la salsa hierva lentamente para que coja cuerpo.

- Una vez que ocurra, devolver los trozos de carne al fondo de la olla y darle un hervor conjunto, rectificando la sazón.

TRUCO

Esta receta se puede resolver sustituyendo la carrillera por morcillo, espaldilla o cualquier corte de carne rico en colágeno que pueda suministrarnos el carnicero, al que le podemos pedir que nos trocee la carne en dados para ahorrarnos el trabajo de hacerlo en casa. Servir las carrilleras con unas chalotas glaseadas y un puré de membrillo o de manzana.

LOMO DE CERDO CON HONGOS Y SALSA CREMOSA

n.º de comensales: 4

Ingredientes

- 175 g de hongos frescos o *Boletus edulis*
- 400 g de lomo de cerdo adobado
- 150 g de nata líquida
- 500 g de caldo
- 10 g de mantequilla
- 1 cucharada de aceite de oliva virgen extra
- 1 cucharada de vinagre de Jerez
- 1 cucharada de perifollo o perejil picado
- sal y pimienta

Elaboración

1. Limpiar los hongos de todas las impurezas que puedan contener.

2. Eliminar con ayuda de una puntilla afilada la base terrosa y todas las hojas que puedan tener adheridas a lo largo de toda la pieza, incluido el sombrero.

3. Retirar delicadamente todas las partes magulladas o comidas por pequeños animales o babosas.

4. Con ayuda de un trapo ligeramente humedecido con agua, limpiar toda la superficie, eliminando todo rastro de tierra, arenilla o suciedad.

5. Filetear las setas en rodajas gruesas y reservarlas.

6. Sobre la misma tabla, con ayuda de un cuchillo de filetear, cortar el lomo en filetes de unos 100 g cada uno, con cuidado de no lastimarnos.

7. Colocar el caldo en un cazo al fuego y reducirlo suavemente hasta que concentre el sabor y quede en 50 ml, o su equivalente: unas 4 o 5 cucharadas, y reservarlo.

8. Dorar los lomos de cerdo con el aceite de oliva en una cazuela antiadherente ancha y baja, dejándolos 1 min por cada lado a fuego fuerte.

9. Retirar los filetes y reservarlos.

Acabado y presentación

- En el mismo puchero, añadir la mantequilla y saltear los hongos durante 2 min aprox., sin dejar de dar vueltas para que se cocinen por todos sus lados.

- Salpimentarlos.

- Añadir el caldo de carne reducido y convertido en jugo, incorporar la nata y devolver al fondo los filetes de lomo cocinados y reservados.

- Dar un ligero hervor de 1 min hasta que espese la salsa, sin que la carne se seque.

- Añadir el vinagre de Jerez, dar unas vueltas y servir rápidamente.

- Espolvorear el perifollo o el perejil picado y rectificar la sazón.

- Servirlo con tallos crudos de espárragos trigueros cortados en láminas muy finas, aliñadas con una pizca de aceite de oliva, sal y pimienta.

TRUCO

Si fuera necesario humedecer los hongos para eliminar impurezas o porquería por estar demasiado sucios, se debe hacer rápidamente bajo el chorro de agua fría, teniendo la precaución de ser muy rápidos para que las setas no se empapen de agua, ya que son como esponjas. Secarlos rápidamente y emplearlos en la receta.

PLUMA DE CERDO IBÉRICO CON PURÉS Y ENCURTIDOS

n.º de comensales: 4

Ingredientes
- 400 g de pluma de cerdo ibérico

Encurtidos:
Manzana:
- 1 manzana verde
- 100 g de azúcar
- 500 ml de vinagre de arroz

Remolacha:
- 1 remolacha cruda
- 10 g de azúcar
- 4 g de sal
- 150 ml de vinagre de Jerez
- 3 guindillas frescas

Zanahoria:
- 3 zanahorias tiernas
- 20 g de azúcar
- 100 ml de vinagre de manzana
- 100 ml de agua

Puré de zanahoria:
- 20 g de mantequilla fría
- 1 kg de zanahoria en rodajas finas
- 250 ml de vinagre de manzana
- 100 g de mantequilla avellana

Puré de apionabo:
- 1 bola de apionabo pelado y cortado en dados
- 1 litro de leche
- 100 g de mantequilla fría
- sal

Elaboración

Encurtido de manzana:

1. Disolver el azúcar con el vinagre en frío y sumergir la manzana verde cortada en cilindros por un espacio mínimo de 3 horas.

Encurtido de remolacha:

1. Disolver el azúcar y la sal con el vinagre, añadiendo las guindillas partidas por la mitad.

2. Pelar la remolacha, laminarla finamente con ayuda de un cuchillo o una mandolina y sumergirla en el líquido de encurtir, teniéndola al menos 3 horas.

Encurtido de zanahoria:

1. Disolver el azúcar con el vinagre y el agua.

2. Sumergir las zanahorias laminadas longitudinalmente muy finas, con ayuda de una mandolina, teniéndolas al menos 3 horas.

Puré de zanahoria:

1. En una olla con la mantequilla fría, rehogar ligeramente las zanahorias y una pizca de sal a fuego suave, sin dejar de remover.

2. Añadir el vinagre y seguir cocinando hasta que reduzca el líquido casi en su totalidad.

3. Triturar en el vaso de una batidora americana y añadir, poco a poco, la mantequilla avellana derretida.

4. Rectificar la sazón.

Puré de apionabo:

1. Colocar los dados en una cazuela y cubrirlos de leche y una pizca de sal, arrimando a fuego suave.

2. Cubrir ligeramente y cocer hasta que podamos atravesar la verdura con la punta de un cuchillo.

3. Escurrir el apionabo de la leche y meterlo en el vaso de una batidora americana, accionando la máxima potencia hasta que logremos un puré cremoso.

4. Añadir, poco a poco, la leche de cocción hasta lograr la textura deseada e incorporar la mantequilla, rectificando la sazón.

Acabado y presentación

- Tener la pluma ibérica fuera de la nevera un par de horas antes de cocinarla.

- Añadir una pizca de aceite de oliva en el fondo de una sartén antiadherente y arrimarla a fuego medio, colocando la pieza de carne.

- Soasarla por todas sus caras hasta que aparezca una costra dorada y crujiente, intentando que el centro quede sonrosado y muy jugoso.

- Escurrir la pluma, pasarla a un plato y cubrirla con una hoja de papel de aluminio unos minutos antes de trincharla, para que repose y quede jugosa.

- Trincharla en escalopes gruesos, salpimentarlos y acompañarlos con los purés y los encurtidos escurridos a modo de guarnición.

TRUCO

La mantequilla avellana se hace cocinando a fuego muy suave la mantequilla hasta que adquiere ese tono rubio característico que le aporta un aroma y un sabor a frutos secos. Se puede filtrar o utilizar tal cual.

OREJAS CRUJIENTES DE COCHINILLO CON PATATAS BRAVAS

n.º de comensales: 4

Ingredientes

Orejas de cochinillo crujientes:
- 2 kg de orejas de cochinillo crudas
- 1 cabeza de ajos
- 1 hoja de laurel
- aceite de girasol

Salsa brava:
- 60 ml de aceite de oliva
- 2 dientes de ajo picados
- 100 g de cebolla en tiras finas
- 50 g de jamón ibérico
- 1 hoja de laurel
- 15 cayenas
- 50 g de harina
- 20 g de pimentón dulce
- 10 g de pimentón picante
- una pizca de comino
- 20 ml de vinagre de vino
- 1,5 litros de caldo
- una pizca de sal y pimienta

Patatas:
- 1 kg de patatas agrias
- aceite de oliva
- una pizca de sal

Elaboración

Orejas de cochinillo crujientes:

1. Pedirle al carnicero que chamusque las orejas para eliminar los pelos y que las meta 24 horas en un baño de agua en la nevera, para que queden bien blancas y relucientes.

2. Precalentar el horno a 120 °C.

3. Secarlas bien, colocarlas en una fuente profunda que pueda ir al horno y cubrirlas con aceite de girasol, los dientes de ajo sueltos con su piel y el laurel.

4. Meterlas en el horno 4 horas (puede resultar un poco pesado, pero el resultado es extraordinario).

5. Pasado ese tiempo, mantener las orejas en el aceite hasta su consumo y, si no se van a utilizar en el momento, cubrirlas y meterlas en la nevera.

Salsa brava:

1. En una sartén, sofreír el ajo y la cebolla picada a fuego suave con una pizca de sal.

2. Pasados 5 min, incorporar el jamón cortado en tacos, el laurel y las cayenas, dejando que sofrían.

3. Añadir la harina y cocinar para eliminarle el gusto y para que se integre bien.

4. Fuera del fuego, para que no se quemen, añadir los dos tipos de pimentón, dar unas vueltas y volver al fuego para añadir el comino, el vinagre y el caldo, y cocinar durante 20 min.

5. Colar la salsa y rectificar la sazón.

Patatas:

1. Pelarlas, cortarlas en pedazos cascados de tamaño mediano y lavarlas, para eliminarles el almidón.

2. Secarlas con un trapo y freírlas en aceite de oliva en 2 cocciones, es decir, primero a fuego suave para que se confiten y queden tiernas y, justo al final, de nuevo, a fuego elevado para que queden crujientes y doradas.

3. Escurrirlas sobre un papel absorbente y sazonarlas generosamente.

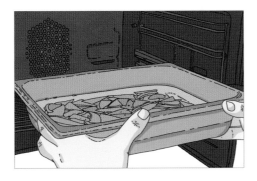

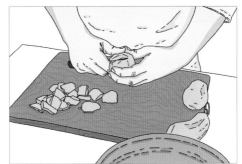

Acabado y presentación

- En el mismo aceite de oliva de freír las patatas, dorar las orejas escurridas. Si vemos que merma el aceite, añadir más, para que queden bien cubiertas y la fritura sea homogénea.

- Dorarlas perfectamente hasta que cojan un punto rubio y crujiente y escurrirlas sobre un papel absorbente.

- Servir las patatas recién fritas mezcladas con las orejas crujientes y acompañar con la salsa brava rociada sobre el conjunto o en una salsera aparte.

TRUCO

Si no encontramos orejas de cochinillo, podemos hacer la misma receta con orejas de cerdo blanco troceadas en triángulos medianos. En vez de freír las orejas, podemos pasarlas por harina, huevo y rebozarlas. El resultado es magnífico.

CANELÓN DE POLLO CON PAPADA, BECHAMEL DE SETAS Y SU FONDO RUSTIDO

n.º de comensales: 4

Ingredientes

Canelones de pollo rustido:

- 220 g de papada de cerdo
- 625 g de pollo
- 150 g de cebolla
- 2 dientes de ajo
- 5 granos de pimienta negra
- 1 hoja de laurel
- 1 rama de tomillo
- 150 g de tomate maduro troceado
- 80 ml de brandy
- 1 rebanada de pan de molde grande remojada en leche
- láminas de pasta de lasaña cocidas y refrescadas

Bechamel:

- 1 litro de leche entera
- 100 g de cebolla picada
- 50 g de mantequilla
- 50 g de harina
- 1 cucharada de vino rancio
- 1 cucharada de brandy
- una pizca de sal, nuez moscada y pimienta blanca

Salsa de setas:

- 1 cucharada de mantequilla
- 100 g de chalotas
- 150 g de setas variadas
- 500 ml de nata líquida
- sal y pimienta

Elaboración

Canelones de pollo rustido:

1. Sofreír, en una olla amplia y baja, la papada y el pollo sazonados, poco a poco.

2. Añadir la cebolla, los ajos, la pimienta y las hierbas, incorporando el tomate y dejando evaporar el agua.

3. Mojar con el brandy y reducir.

4. Deshuesar y desmenuzar las carnes cuando todavía estén tiernas, y picarlas en una tabla a cuchillo, incorporando la rebanada de pan y rectificando la sazón.

5. Cortar las láminas de pasta cocida en cuadrados, estirarlas sobre la mesa y, con la ayuda de una cuchara, centrar el relleno y enrollar los canelones.

6. Reservarlos.

Bechamel:

1. Calentar la leche en una olla y en una cazuela derretir la mantequilla.

2. Una vez derretida, sofreír la cebolla sin que tome color.

3. Agregar la harina y hacer un *roux* blanco.

4. En ese punto, agregar una parte de la leche y remover para integrar la bechamel.

5. Una vez homogénea, agregar el resto de la leche y hervir suavemente durante 10 min.

6. Incorporar la pimienta blanca, la nuez moscada, la sal y los dos tipos de alcohol, pasando el túrmix para que quede fina.

Salsa de setas:

1. Fundir la mantequilla en una cacerola y pochar las chalotas.

2. Agregar el conjunto de setas y dejar que se evapore el agua, añadiendo la nata y reduciendo a la mitad.

3. Poner a punto de sal y pimienta.

4. Reservar.

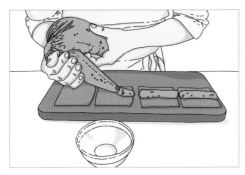

Acabado y presentación

- Calentar los canelones en el horno, a 200 °C, colocados en una bandeja y napados con la bechamel hasta que cojan color.

- Para servirlos, rociarlos con la salsa de setas.

TRUCO

Los canelones quedan más sabrosos si se les espolvorea queso graso rallado antes de meterlos en el horno, para que se haga una costra más apetecible.

POLLO RUSTIDO 2.0

n.º de comensales: 4

Ingredientes

- 1 pollo de 1,4 kg aprox.
- 2 cucharadas de mantequilla en pomada

Salmuera:

- 60 g de sal (por litro de agua)
- Una cabeza de ajos
- 1,5 limones

Elaboración

1. Hacer una salmuera generosa, mezclando agua y sal, en cantidad suficiente para sumergir el pollo entero en ella.

2. Introducir en la nevera el pollo en la salmuera, bien cubierto, dentro de un recipiente alto y estrecho durante unas 8-10 horas. Así conseguimos que el pollo se hidrate en exceso y cambien morfológicamente algunas proteínas para que en el horneado no se pierdan los jugos del asado.

3. Pasado ese tiempo de remojo, escurrirlo, secarlo bien con un trapo y, sin romper la piel, eliminar el culo y el hueso del esternón (si no se es capaz, no pasa nada).

4. Precalentar el horno a 90 °C.

5. Hornearlo con las patas estiradas y boca arriba durante 90 min, colocado sobre una rejilla que irá en la bandeja (en la que colocaremos el limón y la cabeza de ajos partida en dos).

6. Comprobar, con la sonda del horno o un termómetro, que alcanza en su interior los 60 °C, por si le hiciera falta más tiempo.

7. La sonda se clava en la parte más gruesa de la pechuga.

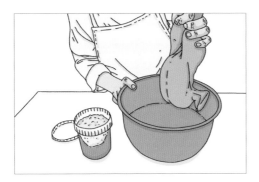

Acabado y presentación

- Sacar el pollo del horno y subir la temperatura a 270 °C.

- Mientras, reposar el pollo en la misma rejilla a temperatura ambiente durante 45 min, para que las carnes se asienten y obtengamos una textura más tierna y sabrosa.

- Pincelar el pollo con el jugo que suelta en el horneado, para abrillantarlo y para darle un toque final dorado.

- Devolverlo al horno por espacio aproximado de 10 min.

- Pasado ese tiempo de asado, trinchar el pollo con ayuda de un cuchillo sobre una tabla y acompañarlo con una buena ensalada verde, patatas fritas o verdura.

TRUCO

No hay que preocuparse si, durante el transcurso de la cocción, el pollo no coge color ni suelta aroma a asado, porque, aunque es a lo que estamos acostumbrados, en verdad significa que el pollo está perdiendo jugos y sabor. Este método de asado es más peculiar, pero de resultado extraordinario.

CODORNICES ASADAS CON ENDIVIAS Y SALSA DE CIRUELAS

n.º de comensales: 4

Ingredientes

Endivias glaseadas:
- 8 endivias partidas por la mitad
- 200 ml de zumo de naranja
- 40 g de azúcar moreno
- 4 cucharadas de aceite de oliva virgen extra
- 2 ramas de tomillo
- 2 ramas de romero
- 40 g de mantequilla
- sal

Salsa de ciruelas:
- 500 ml de zumo de ciruelas
- 50 ml de zumo de remolacha
- 1 cucharada de vinagre de Jerez
- 25 g de azúcar

Codornices:
- 4 codornices grasas preparadas por el carnicero
- sal y pimienta

Además:
- láminas de higo seco
- dados de membrillo
- guisantes tiernos y brotes de guisante

Elaboración

Endivias glaseadas:

1. Juntar todos los ingredientes en una bolsa de vacío y cerrarla.

2. En caso de no tener máquina de vacío, también podemos hacerlo con bolsas de cierre tipo «zip» que sirvan para cocción.

3. Sumergir la bolsa en un baño de agua a 85 °C y mantenerla ahí durante 45 min.

4. Pasado ese tiempo, escurrir las endivias y dorarlas por la parte plana en una sartén a fuego suave con una pizca de aceite.

5. Cuando tengan un bonito color, añadimos el jugo de cocción de las bolsas, dejando que reduzca a fuego suave para que la endivia chupe y se empape.

6. Reservarlas.

Salsa de ciruelas:

1. Hervir los dos tipos de zumo, eliminando la espuma que se haya acumulado en la superficie.

2. En otra cazuela, hacer un caramelo con el azúcar y el vinagre, sin que coja color.

3. Incorporar el zumo hervido y dejar que reduzca hasta que la salsa espese.

4. Colarla y mantenerla tibia.

Codornices:

1. Encender el horno a 175 °C.

2. Salpimentar las codornices bien atadas y dorarlas en la sartén con aceite de oliva durante unos minutos, hasta que queden tostadas.

3. Colocarlas en una fuente, con el pecho hacia abajo, y hornearlas unos 5 min.

4. Dejar escurrir y reposar sobre una rejilla, cubiertas con papel de aluminio.

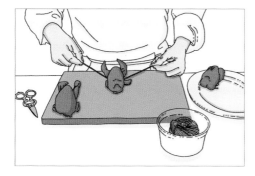 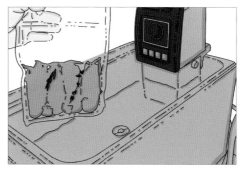

Acabado y presentación

- Pasados unos minutos, deshuesar las codornices con la ayuda de un cuchillo bien afilado, separando las pechugas de los muslos.

- En la misma sartén antiadherente en la que se saltearon, con una pizca de aceite de oliva, dorarlas ligeramente por el lado de la piel, para que se les filtre una pizca de calor.

- Escurrirlas y servirlas con las endivias glaseadas, la salsa de ciruelas y la guarnición de higo seco, membrillo y guisantes.

TRUCO

Si nos da pereza arrancarnos con la cocción en bolsa de las endivias, podemos hacerlo de manera tradicional: cocerlas lentamente unos minutos en agua con sal, y escurrirlas y glasearlas en una sartén con el resto de los ingredientes. Las codornices las podemos sustituir por picantones, pequeños pichones o perdices.

TARTAR DE CARNE DE VACA

n.º de comensales: 4

Ingredientes

- 350 g de puntas limpias de solomillo de vaca
- 1 cucharada de perejil fresco
- 20 g de cebolleta tierna
- 20 g de alcaparras pequeñas
- 3 yemas de huevo
- 35 ml de aceite de oliva virgen extra
- 40 g de kétchup
- 20 g de salsa Worcestershire
- 1 cucharada rasa de mostaza tipo Dijon
- 8 gotas de salsa picante
- sal y pimienta recién molida
- cebollino picado

Elaboración

1. Con la ayuda de un cuchillo bien afilado, y sobre una tabla, picar en pedazos menudos la carne de solomillo. Hacemos primero filetes de grosor medio, luego tiras alargadas y, finalmente, las picamos en dados pequeños.

2. Una vez reunida la carne en un bol, añadir el resto de los ingredientes: el perejil picado, la cebolleta muy menuda, las alcaparras también finamente picadas y las 3 yemas de huevo.

3. Mezclar cuidadosamente con una cuchara.

4. Salpimentar generosamente e incorporar por último el aceite, las salsas, la mostaza y las gotas de salsa picante.

5. Probar la preparación y ajustarla a nuestro gusto y al de los comensales, subiendo el picante o añadiendo alguna salsa de más si queremos envalentonarlo.

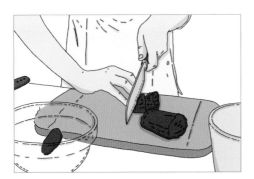

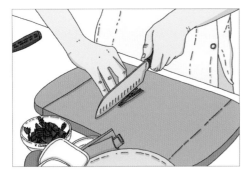

Acabado y presentación

- Servir con pan tostado, colocando en el centro del plato la carne de manera delicada, sin amontonarla demasiado ni haciendo que quede toda aplastada.

- Para hermosearlo aún más, colocar en el centro una yema cruda de huevo de gallina. Si lo emplatamos en raciones más menudas, poner yemas crudas de huevo de codorniz, que son más pequeñas.

- Espolvorear una pizca de cebollino picado.

TRUCO

Para picar la carne a cuchillo es mejor hacerlo con el solomillo recién sacado de la nevera, será más fácil. Una vez esté la carne picada, dejarla a temperatura ambiente para aliñarla y comerla sin devolverla a la nevera, pues el tartar de carne es mejor disfrutarlo no muy frío.

LOMO DE CIERVO ASADO CON CEREZAS

n.º de comensales: 4

Ingredientes

Marinada del ciervo:

- 1 lomo de ciervo deshuesado
- 100 g de cebolla picada
- 50 g de zanahoria picada
- 4 dientes de ajo picados
- 100 ml de brandy
- 100 ml de aceite de oliva

Salsa:

- 1,6 kg de huesos de costillar de ciervo en pedazos menudos
- 50 g de zanahoria picada
- 50 g de champiñón picado
- ½ cucharada rasa de harina
- 350 ml de vinagre de Jerez
- 300 ml de vino tinto
- 1,5 litros de caldo
- 100 ml de aceite de oliva
- 5 g de pimienta en grano rota
- 50 g de mantequilla fría en dados

Compota de cerezas:

- 250 ml de vinagre de vino tinto
- 200 g de cerezas frescas
- 300 g de puré de cereza
- 30 g de chalota picada
- 50 g de cebolleta picada
- 40 g de champiñones en dados
- 15 g de mantequilla

Elaboración

Marinada del ciervo:

1. Juntar todos los ingredientes de la marinada en una fuente profunda y dejar marinando el lomo durante un par de horas, dándole la vuelta de vez en cuando.

2. Pasado ese tiempo, escurrir el lomo a una bandeja y secarlo bien.

Salsa:

1. En una cazuela con aceite, dorar poco a poco los huesos para que coloreen bien.

2. Una vez todos dorados, escurrirlos a un plato y, en el fondo de la cazuela, en la misma grasa, sofreír la zanahoria y el champiñón durante 5 min.

3. Echar de nuevo los huesos, la pizca de harina y 150 ml de vinagre de Jerez, dejando que se evapore completamente sin dejar de menear.

4. Añadir ahora el vino tinto y dejar que se evapore también completamente, cubriendo con el caldo y dejando que reduzca hasta la mitad.

5. Colar el jugo resultante.

6. En un cazo aparte, poner a hervir los 200 ml restantes de vinagre con la pimienta y dejar que reduzca hasta la casi evaporación del líquido.

7. Cuando en el fondo quede un mínimo jugo de aspecto de sirope, añadir el jugo de ciervo colado, dejando que hierva hasta que veamos que concentra el sabor.

8. Añadir al final la mantequilla y batir con ayuda de unas varillas, rectificando la sazón.

Compota de cerezas:

1. En un cazo, reducir, casi a seco, el vinagre.

2. Añadir las cerezas y el puré, hirviendo unos minutos.

3. Por otro lado, hacer sudar la chalota, la cebolleta y los champiñones con la mantequilla a fuego suave durante 5 min.

4. Añadir la mezcla de cerezas anterior y cocer a fuego muy suave durante 15 min, a borbotón muy lento.

5. Reservar.

Acabado y presentación

- En una sartén, dorar el lomo de ciervo con una pizca de aceite de oliva, salpimentando.

- Dorarlo bien por todas sus caras y dejarlo al punto deseado, más o menos hecho, según gustos.

- Trincharlo y servirlo recién hecho acompañado de la salsa y de la compota de cerezas.

TRUCO

A falta de carne de caza, podemos hacer la misma receta con otras carnes más suaves y con menos fortaleza, como solomillo, cinta de lomo deshuesada de cerdo blanco o ibérico o lomo de cordero también deshuesado. La salsa también la podemos elaborar con el mismo procedimiento, pero empleando huesos de cerdo, ternera o cordero. En vez de cerezas y puré de cereza podemos emplear frambuesas frescas y mermelada de frambuesa o cualquier otra fruta roja: ciruelas, briñones o uvas rojas.

PALOMAS EN SALSA

n.º de comensales: 4

Ingredientes

- 4 palomas desplumadas
- 4 cucharadas de aceite de oliva virgen extra
- 100 ml de armañac
- 1 cebolla grande
- 6 chalotas
- 5 ramas de perejil
- 300 g de jamón ibérico
- 1 cucharada rasa de harina
- 1 litro de caldo de carne
- 1 botella de vino tinto de crianza
- 1 ramillete de aromáticos (laurel, salvia y tomillo)
- sal y pimienta

Elaboración

1. Desplumar y vaciar las palomas, conservando el corazón y el hígado. Si es necesario, quemarlas a la llama para eliminar los restos de cañones o plumas.

2. Salpimentarlas y dorarlas en una cazuela con 2 cucharadas de aceite por todas sus caras, para que queden bien tostadas.

3. Flambearlas con el armañac y, en cuanto se apaguen las llamas, reservarlas en una fuente.

4. Mientras, picar la cebolla, las chalotas, el perejil y el jamón y rehogarlos en la otra mitad del aceite, en el fondo del puchero en el que hemos dorado las palomas.

5. Remover con una cuchara de madera para que los jugos adheridos al fondo se integren en el sofrito.

6. Al cabo de 15 min añadir la harina, remover bien y mojar con el caldo de carne y el vino tinto, incorporando el ramillete de aromáticos.

7. Hervir 30 min, con precaución de no añadir sal para que no quede fuerte, teniendo en cuenta que añadimos jamón.

8. Pasado ese tiempo, introducir las palomas tostadas en la salsa y dejar que cuezan aprox. 90 min a fuego muy suave, con la cazuela tapada, hasta que estén tiernas.

9. Conviene probar el punto una por una, ya que puede haber diferencias sustanciales entre el tiempo que necesitan unas y otras según la edad y la raza del animal, e ir sacándolas del guiso a medida que estén tiernas.

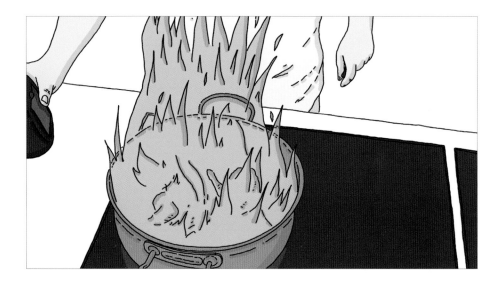

Acabado y presentación

• Una vez estén todas tiernas, saltear brevemente en una sartén antiadherente los corazones y los hígados con unas gotas de aceite de oliva e introducirlos en la salsa.

• Pescar el ramillete de aromáticos y pasar la salsa por el vaso de una batidora a la máxima potencia y luego por un colador fino para que quede con una textura sedosa.

• Dar un último hervor a todas las palomas junto a la salsa, rectificando la sazón y pimentando generosamente.

TRUCO

Conviene dejar reposar el guiso al menos 24 horas antes de comerlo, y calentarlo pausadamente para servirlo bien caliente.

SECRETO IBÉRICO CON CHALOTAS Y MERMELADA DE HINOJO Y MANZANA

n.º de comensales: 4

Ingredientes

Secreto ibérico:
- 1 secreto ibérico fresco
- sal y pimienta

Mermelada de hinojo y manzana:
- 6 manzanas
- 1 cucharada de azúcar
- una nuez de mantequilla
- el zumo de 1 limón
- 200 g de chalota picada
- 50 g de hinojo fresco cortado en dados
- 40 ml de vinagre de sidra
- 200 g de manzana cruda cortada en dados
- 1 cucharada de mostaza

Chalotas caramelizadas:
- 8 chalotas peladas
- 50 g de miel
- 100 ml de vinagre de sidra
- 200 ml de zumo de naranja
- 4 clavos de olor

Elaboración

Secreto ibérico:

1. Limpiar el secreto con ayuda de un cuchillo bien afilado para eliminar el exceso de grasa.

2. Salpimentarlo generosamente y masajearlo con las manos para que el condimento penetre bien.

Mermelada de hinojo y manzana:

1. En un horno a 180 °C, asar sobre una bandeja las manzanas enteras y con su piel, bien lavadas, espolvoreadas con el azúcar y la mantequilla hasta que la piel se arrugue, por espacio de 35 min.

2. Pasado ese tiempo, dejarlas templar y, con la ayuda de una cuchara, rescatar la pulpa asada separándola de la piel.

3. Triturarla para convertirla en un puré y añadir el limón.

4. Aparte, en una pizca de aceite, pochar unos minutos la chalota y el hinojo sin que tomen color, añadiendo el vinagre y reduciendo a fuego muy suave hasta que se evapore.

5. Añadir los dados de manzana y la mostaza.

6. Dejar cocer 3-4 min e incorporar el puré de manzana.

Chalotas caramelizadas:

1. Hornear en una bandeja las chalotas a 180 °C durante 9 min.

2. En un cazo, hacer un caramelo con la miel y el vinagre.

3. Reducir el zumo de naranja con los clavos.

4. Mezclar los 2 líquidos y dejar que reduzca a la mitad.

5. Colar la mezcla sobre las chalotas asadas y glasearlas a fuego muy suave en un pequeño cazo, para que tomen brillo.

Acabado y presentación

- En una sartén con una pizca de aceite, soasar el secreto entero, dorándolo perfectamente y rociándolo con sus jugos, para que se filtre el calor.

- Dejarlo al punto deseado, más o menos hecho, al gusto. Podemos rematarlo unos minutos en el horno.

- Antes de trincharlo, dejarlo reposar para que, al cortarlo, no se desparramen los jugos.

TRUCO

Para hacer el puré, en vez de manzanas podemos emplear peras, membrillos o ciruelas claudias, incorporando además apio picado, higos secos en dados o cualquier fruta fresca o seca que le dé suculencia a la preparación.

CONEJO EN SALMOREJO CANARIO

n.º de comensales: 4

Ingredientes

Primer majado del conejo:

- 2 conejos grandes troceados (con sus hígados)
- 4 dientes de ajo
- 10 g de pimentón de la Vera
- 2 pimientas palmeras secas
- 2 guindillas
- 60 ml de aceite de oliva virgen extra
- 1 cucharada de vinagre de Jerez
- sal
- 1 rama de tomillo fresco
- 1 rama de orégano fresco
- 1 hoja de laurel

Segundo majado del conejo:

- 2 dientes de ajo
- 5 g de pimentón de la Vera
- 2 pimientas palmeras secas
- 1 guindilla
- 2 hígados sofritos del conejo
- 6 cucharadas del aceite de freír el conejo
- 4 cucharadas de agua
- sal

Elaboración

Primer majado del conejo:

1. Remojar en agua tibia las pimientas palmeras, cortadas por la mitad y despojadas de las pepitas hasta que estén bien hidratadas.

2. En un mortero, majar los ajos con la sal, el pimentón, las pimientas palmeras enteras y las guindillas, añadiendo poco a poco y en fino hilo el aceite de oliva y el vinagre.

3. Untar bien todos los trozos de conejo con el majado recién hecho y las hierbas aromáticas rotas con las manos, pringando también los hígados.

4. Dejar marinando la carne dentro de una cazuela en el frigorífico un mínimo de 12 horas.

5. Pasado ese tiempo, escurrir el conejo de la marinada, retirando el exceso.

6. Freírlo en una sartén con abundante aceite de oliva a fuego medio, de manera que quede dorado por fuera y aún crudo por dentro.

7. Freír también los hígados, escurrir bien todo el exceso de aceite, pasando la carne a una bandeja.

Segundo majado del conejo:

1. En un vaso de batidora, triturar los ajos con la sal, el pimentón, las pimientas palmeras, la guindilla, los hígados sofritos, el aceite de freír el conejo y el agua. Debe quedar una pasta untuosa, que pondremos a punto de sal.

2. En la misma cazuela donde habíamos marinado el conejo, introducir este majado recién batido con el sobrante de la marinada anterior y los jugos que haya podido soltar el conejo en la bandeja.

Acabado y presentación

- Ponerlo a fuego muy suave sin parar de remover y, cuando empiece a hervir, introducir los trozos de conejo sofritos.

- Añadir un poco más de agua si fuera necesario y cocer a fuego muy lento con una tapadera durante unos 10 min, o hasta que el conejo esté guisado y la salsa bien reducida, ligada y sabrosa.

TRUCO

Podemos cambiar las hierbas por otras de nuestro gusto, como salvia, romero o ajedrea. En vez de conejo, podemos guisar de esta forma otras carnes blancas como el pollo, las codornices, el cerdo, el cordero o los picantones.

ESCALOPE DE POLLO CON SALSA DE MOSTAZA

n.º de comensales: 4

Ingredientes

Salsa de mostaza:
- 100 g de cebolla picada
- 60 g de mantequilla
- 150 ml de vino fino de Jerez
- 300 ml de caldo de pollo
- 150 ml de nata
- 20 g de mostaza suave
- 20 ml de zumo de limón
- 40 g de mantequilla
- 10 g de mostaza de grano

Escalope de pollo:
- 500 g de pechuga de pollo en filetes
- 4 huevos batidos
- 200 g de harina
- aceite de oliva para freír
- 1 diente de ajo
- 50 g de pan rallado
- 50 g de harina de almendra
- 50 g de queso Idiazabal rallado
- 50 g de jamón ibérico picado

Elaboración

Salsa de mostaza:

1. Hacer sudar la cebolla con los 60 g de mantequilla hasta que sofría ligeramente.

2. Añadir el vino y reducir a fuego suave hasta que evapore totalmente.

3. Mojar con el caldo y reducir a un cuarto del líquido.

4. Añadir la nata, la mostaza suave y el zumo de limón.

5. Cocer durante 10 min suavemente.

6. Meter el brazo de un túrmix en la cazuela y montar con los 40 g de mantequilla y la mostaza de grano.

7. Rectificar la sazón.

Escalope de pollo:

1. Preparar el rebozado en tres bandejas o recipientes. En el primer recipiente, poner la harina; en el segundo, los huevos cascados y batidos ligeramente, y en el tercero, la mezcla de pan, el Idiazabal rallado, la harina de almendra y el jamón ibérico picado muy finamente.

2. Salar ligeramente y rebozar los filetes de pechuga de pollo siguiendo siempre este orden: primero la harina, luego el huevo y, por último, la mezcla de pan, queso, almendra y jamón.

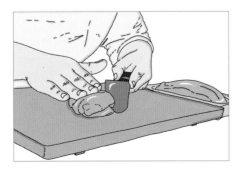
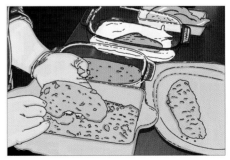

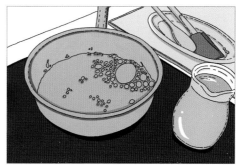

Acabado y presentación

- Calentar el aceite de oliva suavemente y añadir el ajo pelado, que servirá como chivato para comprobar que está en su punto para poder freír.

- En el momento que el ajo se dore, retirarlo y sumergir los filetes de pollo empanados durante 2 min por cada lado aprox., dependiendo de su tamaño, para que el rebozado tome buen color y la carne quede jugosa.

- Servir con la salsa de mostaza.

TRUCO

Con este rebozado podemos empanar todo tipo de carnes, como la de cerdo, ternera, cordero o la que nos apetezca. La harina de almendra puede sustituirse por harina de otros frutos secos, y también podemos reemplazar el queso curado por otro de nuestro gusto, como manchego, mahón o roncal.

CODORNICES EN ESCABECHE

n.º de comensales: 4

Ingredientes

- 150 g de zanahoria
- 400 g de blanco de puerro
- 225 g de apio en rama
- 150 g de cebolleta
- 20 dientes de ajo con piel
- 8 codornices limpias
- 10 zanahorias mini
- 100 ml de aceite de oliva suave
- 150 ml de vino blanco
- 200 ml de vinagre de Jerez
- 150 ml de aceite de oliva virgen extra
- 1 litro de agua
- 1 rama de tomillo, romero y salvia
- 10 granos de pimienta blanca

Elaboración

1. Sobre una tabla, cortar con un cuchillo bien afilado, las zanahorias en láminas.

2. Picar el puerro, el apio y las cebolletas peladas.

3. Salar las codornices por dentro y por fuera, y dorarlas a fuego vivo en una cazuela con el aceite de oliva suave. Es importante que lo hagamos delicadamente y sin dejar de voltearlas, para que se tuesten bien.

4. Ir retirándolas a una fuente conforme se vayan haciendo.

5. Reservar.

6. En la misma cazuela, y con todos los jugos adheridos al fondo, sofreír todas las verduras, añadiendo el resto del aceite y una pizca de sal, sin dejar de menear para que se pochen.

7. Aparte, en agua hirviendo salada, escaldar (meter y sacar), las zanahorias mini, sumergiéndolas en agua helada.

8. Una vez que el sofrito esté listo, incorporar las codornices y agregar el vino blanco, el vinagre y el aceite de oliva virgen extra.

9. Cubrir con el agua, añadir las hierbas y la pimienta y cocer tapado a fuego muy suave durante 12 min, ni uno más.

Acabado y presentación

- Una vez las codornices estén escabechadas, apartar la cazuela del fuego, añadir las zanahorias mini y dejar reposar para que se enfríe.

- Es muy importante dejar reposar el escabeche al menos 24-48 horas antes de comerlo, porque mejora considerablemente.

TRUCO

Si añadimos el jugo del escabeche a una batidora junto con un par de ajos pelados y una cucharada de mostaza, tendremos una vinagreta extraordinaria para aliñar unas patatas cocidas o unos cogollos con los que podemos guarnecer las codornices.

POSTRES

MELÓN EMBORRACHADO EN CAIPIRIÑA

n.º de comensales: 4

Ingredientes

- 2 ramas de limoncillo
- 4 limas verdes
- 360 ml de zumo de lima
- 360 ml de agua
- 200 g de azúcar moreno
- 40 ml de cachaza
- 1 melón maduro

Elaboración

1. Sobre una tabla, y con la ayuda de un cuchillo ancho o la base de una cazuela pequeña, aplastar las ramas de limoncillo para que se suelten y desprendan el mayor aroma posible.

2. Limpiar bien las limas verdes y sobre un bol rallar las pieles sin llegar hasta la parte blanca, teniendo la precaución de no tocarla.

3. Partir las limas en 2 y obtener su zumo, mezclándolo en el mismo bol con el resto del zumo, la ralladura, el agua, el azúcar moreno, el limoncillo aplastado y la cachaza.

4. Mezclar con una varilla hasta disolver los ingredientes por completo.

5. Por otro lado, partir el melón en 2, eliminar las pepitas con ayuda de un cuchillo y pelarlo, eliminando toda la piel gruesa y la membrana blanca que recubre la pulpa de la fruta por su interior, para que no queden trazas duras y ásperas.

6. Conla ayuda de un cuchillo, cortar el melón en pedazos regulares y gruesos, teniendo en cuenta que es importante que tengan suficiente volumen para que luego absorban el jugo. Podrán ser triángulos, cubos o lingotes gruesos, no importa.

 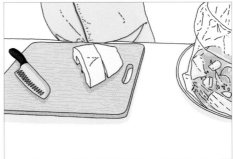

Acabado y presentación

- Meter todos los trozos de melón en un bolsa de vacío junto con la caipiriña elaborada anteriormente y envasarlo al 99 % de vacío, para extraer todo el aire posible y que el líquido penetre en el melón.

- Dejar que la bolsa macere en la nevera 2 horas antes de usarse.

- Como lo normal es no tener una máquina de vacío en casa, podemos hacer lo mismo encerrando la fruta bien apretada en una bolsa de uso alimentario junto con el jugo de la caipiriña, dejando que repose bien cerrada en la nevera al menos durante 24 horas.

- Pasado ese tiempo, rescatar los trozos de melón de la bolsa y acomodarlos sobre su propio jugo, en un plato hondo o en una fuente, adornando con algunos pétalos de flores o hierbas aromáticas.

TRUCO

Para reforzar el sabor del postre, al servirlo, rallar cáscara de lima verde por toda la superficie y acompañarlo con un helado cítrico de limón, mandarina o pomelo.

PLUM-CAKE DE PLÁTANO Y PASAS AL BRANDY

n.º de comensales: 4

Ingredientes

- 1 kg de plátanos pelados
- 2 puñados de pasas remojadas en brandy
- 2 cucharadas de mantequilla
- 1 cucharada de miel
- 350 g de mantequilla blanda
- 250 g de azúcar en polvo
- 4 huevos
- 2 cucharaditas rasas de levadura en polvo
- 250 g de harina
- una pizca de sal

Elaboración

1. Encender el horno a 180 °C.

2. Mientras se calienta, untar con mantequilla en un molde rectangular, tipo *plum-cake*, y espolvorearlo de harina, eliminando el exceso.

3. Partir los plátanos en dados, dejando uno entero, que partiremos a lo largo en 2 mitades,.

4. Escurrir las pasas del brandy, reservando este último.

5. En una sartén antiadherente, a fuego vivo, añadir las cucharadas soperas de mantequilla y, en cuanto burbujee, volcar los dados de plátano y las pasas.

6. Menear con ayuda de una cuchara de madera e incorporar el brandy y la miel.

7. No hay que cocinar la fruta mucho rato porque la convertiríamos en puré, es suficiente con hacerlo un par de minutos, para que quede dorada y apetitosa.

8. En cuanto la fruta esté lista, retirarla a una bandeja que habremos mantenido vacía durante un rato en el congelador para que el frío corte la cocción de la fruta caliente.

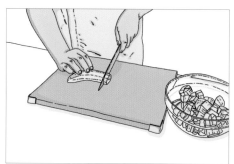

Acabado y presentación

- Mientras se enfría el plátano salteado, hacer la masa del bizcocho.

- En un bol, mezclar la mantequilla blanda con el azúcar, ayudados de unas varillas.

- Añadir los huevos uno a uno, la levadura, la harina y la sal, mezclando enérgicamente.

- Incorporar a la masa la fruta salteada con todo su jugo y mezclar los elementos.

- Introducir la mezcla en el molde de *plum-cake* y apoyar en su superficie las dos mitades del plátano, que quedarán sobre la masa con la parte plana hacia arriba.

- Hornear durante 45 min, hasta que la superficie se tueste y, al pinchar con una aguja, salga seca y sin rastro de masa cruda.

- Esperar 10 min antes de desmoldar.

TRUCO

Cuando añadimos el brandy al salteado de plátano, podemos flambearlo prendiendo el alcohol con un mechero, con cuidado de no achicharrarnos las pestañas.

TARTALETA DE GAJOS DE NARANJA CONFITADOS

n.º de comensales: 4

Ingredientes

Masa sablé:

- 55 g de galletas tipo maría
- 35 g de mantequilla en pomada
- 15 g de azúcar moreno
- 1 vaina de vainilla
- la ralladura de ¼ de limón

Crema fondant de naranja:

- 40 g de yema de huevo
- 45 g de azúcar
- 20 g de maicena
- 15 g de harina
- 165 ml de leche
- 30 ml de nata
- la ralladura de ½ limón
- ½ vaina de vainilla
- 45 g de mantequilla
- 1 hoja de gelatina
- 50 ml de zumo de naranja natural

Gajos de naranja confitados:

- 500 g de gajos de naranja hermosos
- 7 g de piel de naranja en tiras muy finas
- 3 g de ralladura de naranja
- 175 g de azúcar
- 1/3 de piel de manzana verde
- un buen chorro de ginebra
- una pizca de pectina en polvo

Elaboración

Masa sablé:

1. En un cuenco, desmenuzar con las manos las galletas maría.

2. Añadirles la mantequilla y el azúcar y mezclar bien, incorporando la vainilla y la ralladura de limón.

3. En un molde de metal de tartaleta, poner una parte de la masa de la galleta y prensar con el dorso de una cuchara.

4. Hornear a 170 °C por espacio de 12 min.

5. Retirar y dejar enfriar para poder desmoldar la masa sin que se rompa.

Crema fondant de naranja:

1. Reunir en un bol las yemas junto con el azúcar y blanquearlas batiendo con una varilla hasta que espesen ligeramente.

2. Incorporar la harina y la maicena, previamente tamizadas.

3. En una cacerola, poner a hervir la leche, la nata, la ralladura de limón y la vainilla rascada.

4. Retirar la vaina y verter la leche caliente sobre la mezcla anterior, arrimándola a fuego suave (82 °C) sin dejar de menear con una cuchara de madera.

5. Cuando espese, añadir la mantequilla y la gelatina previamente remojada en agua y escurrida.

6. Añadir el zumo de naranja, mezclar y dejar reposar la crema en la nevera.

Gajos de naranja confitados:

1. Blanquear la piel de las naranjas a partir de agua fría hasta levantar la ebullición, escurrirlas y enfriarlas en agua helada.

2. Pelar y sacar los gajos de la naranja.

3. Poner en una cazuela amplia los gajos de naranja bien colocados, añadir el resto de los ingredientes y confitar a fuego medio-fuerte, ya que necesitaremos que se hagan rápido, pero sin romperse.

4. Escurrir a una bandeja los gajos y reducir en el fuego el líquido de cocción restante hasta que adquiera una textura de jarabe.

5. Enfriarlo y añadirlo sobre los gajos de naranja.

Acabado y presentación

- En un plato, poner un disco de galleta horneado y cubrirlo con la crema metida en una manga pastelera.

- Repetir rematando con otro disco de galleta y más crema, delicadamente.

- Cubrir la superficie con los gajos de naranja escurridos, formando una flor en círculo, y glasear con el jugo del jarabe, para que brille y tome aspecto apetitoso.

TRUCO

Podemos sustituir la naranja por pomelo rosa o mandarina, y el resultado será muy gratificante, cambiando totalmente el punto de la tarta.

TARTA DE QUESO Y CACAHUETE

n.º de comensales: 4

Ingredientes

Base:

- 200 g de galletas de cereales
- 50 g de mantequilla blanda
- 100 g de chocolate negro 70 %
- 50 g de cacahuetes tostados
- una pizca de sal

Relleno:

- 150 g de queso crema a temperatura ambiente
- 200 ml de nata doble o espesa
- 3 huevos enteros
- 3 yemas de huevo
- 200 g de azúcar
- 100 g de mantequilla de cacahuete

Cobertura:

- 250 ml de nata doble o espesa
- 100 g de chocolate con leche
- 30 g de azúcar moreno
- una pizca de sal

Elaboración

Base:

1. Derretir en el microondas el chocolate con mucho cuidado, para que no se queme.

2. Meterlo en el vaso de un procesador con cuchillas de corte y añadir el resto de los elementos: las galletas, la mantequilla, los cacahuetes y una pizca de sal.

3. Accionar la máxima potencia y convertirlo en una arenilla húmeda, que extenderemos en el fondo de un molde de tarta desmontable, aplastando y compactando con la palma de la mano.

4. Una vez bien estirada y resuelta la base de la tarta, meterla en la nevera durante 30 min.

5. Precalentar el horno a 170 °C.

Relleno:

1. Triturar en el mismo procesador el queso, la nata, los huevos, las yemas, el azúcar y la mantequilla de cacahuete, convirtiéndolo todo en una crema untuosa.

2. Verterla sobre la base de galleta reservada en la nevera y hornear 40 min.

Cobertura:

1. Una vez sacada la tarta del horno, derretir todos los ingredientes de la cobertura en un cazo a fuego muy suave.

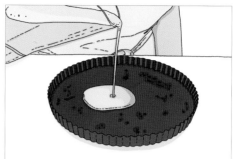

Acabado y presentación

- Verter esta mezcla sobre la superficie de la tarta y meterla 10 min más en el horno.

- Pasado ese tiempo, retirarla y enfriarla a temperatura ambiente.

TRUCO

Si sustituimos el chocolate con leche de la cobertura por un chocolate negro al 70 % y una cucharadita de cacao amargo en polvo, la tarta quedará aún más intensa de sabor.

GALLETAS DE ALMENDRA Y AVELLANA

n.º de comensales: 4

Ingredientes

- 240 g de azúcar moreno
- 2 g de esencia de vainilla líquida
- 55 g de clara de huevo
- 2 g de bicarbonato
- 25 g de harina
- 40 g de almendra en polvo
- 40 g de avellana en polvo
- 180 g de almendra tostada en trozos
- 100 g de avellana tostada en trozos
- azúcar en polvo

Elaboración

1. Precalentar el horno a 140 °C. En un bol, y con una varilla, mezclar el azúcar moreno y la clara de huevo hasta que la preparación se blanquee y coja un poco de textura.

2. Agregar la esencia de vainilla, el bicarbonato y la harina, removiendo sin cesar.

3. Con sumo cuidado, y de forma envolvente, agregar las almendras y las avellanas a la pasta en el bol.

4. Cuando esté formada una masa, estirarla sobre la mesa con un poco de harina y con ayuda de un rodillo de pastelería o, en su defecto, con una botella de cristal, obteniendo una masa de 1 cm de grosor. Formada y estirada la masa, cortarla en cuadrados de 3 x 3 cm, formando unas galletas o pastas.

5. Estirarlas sobre una hoja de papel sulfurizado extendida sobre una bandeja de horno e introducirla en el horno durante 30 min.

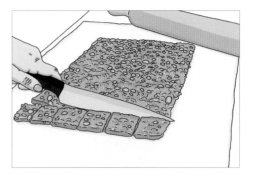

Acabado y presentación

- Pasado ese tiempo, quedarán doradas y con buen aspecto.

- Sacarlas del horno y dejarlas enfriar perfectamente.

- Una vez estén a temperatura ambiente, espolvorearlas con abundante azúcar en polvo y guardarlas en un recipiente hermético para que no se ablanden y queden crujientes y apetitosas.

TRUCO

Podemos sustituir las almendras y las avellanas por pistachos y cacahuetes, cambiando radicalmente el aspecto y el sabor de las galletas. Una pizca de sal gorda espolvoreada sobre cada galleta un rato antes de hornearse le dará un contrapunto especial a cada mordisco.

BIZCOCHO TEMBLOROSO DULCE Y ORIENTAL DE QUESO

n.º de comensales: 4

Ingredientes

- 100 g de mantequilla
- 300 g de queso tipo Philadelphia
- 100 g de leche
- 8 yemas de huevo (aprox. 160 g)
- 60 g de harina
- 60 g de maicena
- 13 claras de huevo (aprox. 390 g)
- 130 g de azúcar
- azúcar en polvo para decorar

Elaboración

1. Forrar con papel sulfurizado un molde de bizcocho redondo de 28 cm de diámetro y 8 cm de alto.

2. Es muy importante que el papel supere el borde del molde al menos 5 cm, porque el bizcocho sube y necesita protección para mantenerse firme y derecho.

3. Precalentar el horno a 135 °C.

4. En una olla amplia, calentar agua hasta que alcance los 70-80 °C.

5. En un cazo amplio, fundir suavemente la mantequilla con la leche, agregando el queso crema.

6. Batir enérgicamente con una batidora de varilla, para mezclar perfectamente.

7. Aparte, en un bol amplio, añadir las yemas y batirlas con la misma varilla, añadiendo la mezcla anterior y homogeneizando perfectamente.

8. Ayudándonos de un colador fino, para que caiga como lluvia, añadir la harina y la maicena a la vez, integrándolas perfectamente con la mezcla húmeda ayudados de una lengua de goma.

9. Batir en un bol las claras a punto de nieve con ayuda de unas varillas y, a mitad del proceso, incorporar el azúcar, batiendo enérgicamente hasta conseguir un punto de nieve bien firme.

10. Añadir estas claras muy delicadamente, en tres tandas y de forma envolvente, sobre la mezcla anterior, ayudados de la lengua de goma hasta conseguir unificarla perfectamente.

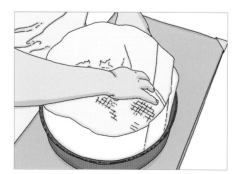 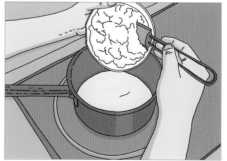

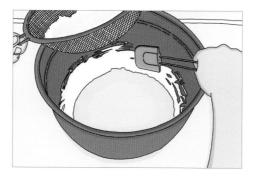 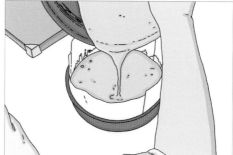

Acabado y presentación

- Verter toda la mezcla en el molde previamente forrado con papel.

- Preparar un baño maría con el agua caliente, en cuyo fondo colocaremos un trapo doblado o papel de periódico, para que el molde no toque el fondo y se cocine más suavemente, sin cambios bruscos de temperatura.

- Sumergir el molde en el baño maría con agua a media altura, como si se tratara de un flan, y hornearlo durante 70 min.

- Pasado ese tiempo, sacar del horno, dejarlo reposar 5 min, desmoldarlo con sumo cuidado, ya que tiembla mucho y es delicado, y espolvorearlo con azúcar en polvo.

TRUCO

Para apreciar más el sabor y la textura de este bizcocho tan esponjoso, es recomendable disfrutarlo templado, aunque a temperatura ambiente resulta también muy rico.

MOUSSE DE CHOCOLATE NEGRO

n.º de comensales: 4

Ingredientes

- 140 g de chocolate Guanaja 70 %
- 75 ml de nata líquida
- 100 ml de sirope de arce
- 100 g de huevo (2 unidades)
- 80 g de yema de huevo (4 unidades)
- 300 ml de nata líquida
- una pizca de sal

Elaboración

1. Picar finamente el chocolate con un cuchillo sobre una tabla.

2. Colocarlo en un bol amplio y sumergirlo en un baño maría para derretirlo muy cuidadosamente, sin dejar de darle vueltas con una espátula de goma.

3. En un cazo pequeño, calentar los 75 ml de nata a unos 40-45 °C y verterla sobre el chocolate recién derretido, haciendo movimientos circulares desde el centro hacia fuera con la espátula, para mezclarlo homogéneamente.

4. Reservar la mezcla en el baño maría unos instantes.

5. Colocar el sirope de arce en un pequeño cazo al fuego y hervirlo muy suavemente hasta que alcance los 105 °C.

6. Mientras, reunir en un bol bien amplio los huevos y las yemas, y batirlo enérgicamente con ayuda de unas varillas, añadiendo una pizca de sal.

7. El sirope estará ya a la temperatura adecuada, de forma que lo iremos incorporando, en fino hilo y muy lentamente, sobre los huevos y las yemas recién batidas, como si de una mahonesa se tratara.

8. Veremos como se forma una crema muy densa que irá doblando el volumen inicial hasta convertirse en una «pasta bomba», como la llaman los pasteleros.

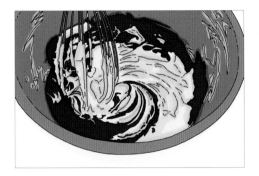 

Acabado y presentación

- Finalmente, en un bol frío, y con ayuda de unas varillas, montar los 300 ml de nata muy ligeramente, sin que quede un chantillí demasiado grueso.

- Incorporar esta nata semimontada sobre el chocolate derretido poco a poco, haciendo giros con la muñeca y movimientos envolventes, para que se mezcle delicadamente.

- Incorporar la «pasta bomba» o mezcla de huevos, yemas y sirope elaborada con anterioridad y de la misma forma, es decir, mezclar poco a poco y con movimientos delicados, para que se forme una mousse extraordinaria.

- Repartirla en copas de cristal o boles y refrigerarlos por lo menos 1 hora antes de servir, para que tome cuerpo y la mousse se asiente.

TRUCO

Podemos servirla espolvoreándola con cacao amargo y unos cristales de sal, con un buen helado cítrico o con el contraste de frutos rojos ácidos, como frambuesas, casis o grosellas.

MAGDALENAS CON FRESAS Y SOPA FRÍA DE CHOCOLATE Y COCO

n.º de comensales: 4

Ingredientes

Magdalenas:

- 150 g de mantequilla
- 75 g de almendra en polvo
- 30 g de avellana en polvo
- 170 g de azúcar en polvo
- 50 g de harina
- 1 vaina de vainilla
- 150 ml de clara de huevo (5 huevos aprox.)
- 20 ml de pulpa de albaricoque
- 100 g de fresas

Chocolate frío:

- 700 ml de agua
- 50 g de azúcar
- una pizca de sal
- 125 g de chocolate negro al 70 %
- 25 g de cacao en polvo
- 150 ml de leche de coco sin azúcar

Espuma de coco:

- 1 hoja de gelatina
- 40 g de azúcar en polvo
- 125 ml de agua
- 300 ml de leche de coco sin azúcar

Elaboración

Magdalenas:

1. En un cazo, fundir a fuego medio la mantequilla hasta que coja un color avellana, teniendo cuidado de que no se queme.

2. Colarla para quitarle todo el suero e impurezas, y que quede traslúcida.

3. Sobre una tabla de cortar, y con ayuda de un cuchillo, abrir la vaina de vainilla en dos y raspar los granos con la punta del cuchillo.

4. En un bol, añadir los ingredientes secos: almendra y avellana en polvo, azúcar, granos de vainilla y harina, mezclando con una espátula de goma o una cuchara de madera.

5. Incorporar las claras de huevo y la pulpa de los albaricoques.

6. Incorporar la mantequilla tibia y mezclarlo todo bien con una espátula hasta conseguir una pasta lisa.

7. Dejar reposar la masa en la nevera un mínimo de 8 horas.

Chocolate frío:

1. Hervir el agua, el azúcar y la sal.

2. Añadir el chocolate picado y el cacao.

3. Cuando hierva de nuevo, batir enérgicamente fuera del fuego con ayuda de unas varillas o un túrmix, añadiendo poco a poco y en fino hilo la leche de coco, mezclando hasta que quede una crema bien lisa.

4. Reservar en el frigorífico.

Espuma de coco:

1. Hidratar la gelatina en agua fría para que se ablande.

2. Hervir el agua y el azúcar hasta que se disuelva.

3. Añadir la gelatina escurrida y la leche de coco, mezclando bien.

4. Verter la mezcla en un sifón, meterle una carga de gas y reservar en la nevera hasta el momento de servir.

Acabado y presentación

- Ayudados de una manga pastelera, rellenar moldes rectangulares de magdalena con la masa y colocar unos trozos de fresa troceada por encima.

- Hornear durante 25 minutos a 180 °C.

- Pasado ese tiempo, desmoldar y servir con el chocolate frío en pequeños vasos, coronado por un golpe de espuma de coco.

TRUCO

Para desmoldar las magdalenas, es mejor que se entibien antes de sacarlas de los moldes, para que no se rompan. Para acentuar más el sabor del postre, podemos rociar la espuma de coco con una pizca de pulpa fresca y ácida de fruta de la pasión.

CREMA CUAJADA DE VAINILLA CON CARAMELO DE FRUTA DE LA PASIÓN Y NARANJA

n.º de comensales: 4

Ingredientes

Crema cuajada:
- 1 hoja de gelatina
- 250 ml de nata líquida
- 250 ml de leche
- ½ vaina de vainilla
- 4 yemas de huevo
- 40 g de azúcar

Caramelo de fruta de la pasión:
- 120 g de azúcar
- 100 ml de agua caliente
- 100 ml de zumo de naranja
- 100 ml de zumo o pulpa de fruta de la pasión

Bastones de merengue:
- 100 ml de claras de huevo
- 100 g de azúcar
- 100 g de azúcar en polvo

Elaboración

Crema cuajada:

1. Hidratar la hoja de gelatina en un recipiente con agua bien fría.

2. Hervir en un puchero a fuego suave la nata, la leche y la vaina de vainilla, abierta en dos y rascados sus granos interiores.

3. En un bol amplio, montar con unas varillas las yemas de huevo con el azúcar hasta que espumen y adquieran volumen.

4. Verter la mezcla hervida y colada sobre las yemas recién montadas, poco a poco y sin dejar de remover.

5. Pasar toda la mezcla al puchero y arrimar a fuego muy suave, cociendo la mezcla como si de una crema inglesa se tratara.

6. En cuanto nape el dorso de la cuchara o llegue a los 82 °C, retirar la mezcla del fuego, añadir la gelatina escurrida y mezclar bien.

7. Colar de nuevo y repartir la mezcla en los platos hondos, dejando que se enfríe un mínimo de 3 horas.

Caramelo de fruta de la pasión:

1. Hacer un caramelo rubio a fuego vivo, añadiendo el azúcar sobre el fondo del puchero y el agua.

2. Una vez hecho, bajar el fuego y agregar el zumo de fruta de la pasión y el zumo de naranja previamente calentados en el microondas, dándole un hervor.

3. Mezclar y remover cuidadosamente y con paciencia para que se disuelva y el caramelo quede fluido.

4. Filtrar y enfriar a temperatura ambiente.

Bastones de merengue:

1. Colocar la cuba de una batidora al baño maría para que coja cierta temperatura.

2. Encender el horno a 70 °C.

3. Verter las claras y el azúcar y mezclar para disolver el azúcar.

4. Batir a velocidad máxima hasta montar las claras.

5. Cuando estén bien firmes, retirar la cuba de la máquina y añadir el azúcar en polvo poco a poco, mezclando con la ayuda de una espátula de manera envolvente, girando lentamente la cuba.

6. Una vez bien incorporada, meter el merengue en una manga pastelera con boquilla redonda de 8 mm y escudillar sobre un papel de horno una serie de tiras alargadas y bien alineadas hasta terminar la mezcla.

7. Meter la bandeja en el horno para que el merengue seque durante 3 horas aprox.

8. Pasado ese tiempo, retirar la bandeja, dejarla enfriar y mantener las tiras de merengue en un recipiente bien seco.

 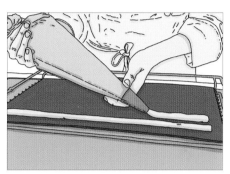

Acabado y presentación

- Sacar con antelación la crema cuajada de la nevera.

- Colocar una cucharada de caramelo de fruta de la pasión y naranja por encima y extenderla bien, girando el plato para que cubra toda la superficie.

- Acompañar la crema cuajada con un buen helado de vainilla cremoso y rematar con los bastones de merengue seco roto.

- Espolvorear con frutos rojos secos liofilizados en polvo o, en su defecto, coronar con un brote de menta fresca.

TRUCO

Es muy importante sacar de la nevera la crema cuajada media hora antes de comerla, para que coja temperatura y se vuelva aterciopelada y sedosa, porque el frío neutraliza el sabor.

BARRA DE CEREALES Y CREMA DE CHOCOLATE BLANCO

n.º de comensales: 4

Ingredientes

Barra de cereales:
- 75 g de azúcar moreno
- 100 ml de sirope de arce
- 80 ml de aceite de oliva
- 6 g de sal
- 100 g de almendras fileteadas
- 250 g de copos de avena
- 50 g de pipas de calabaza
- 40 g de pipas de girasol
- 60 g de orejones cortados en dados pequeños
- 60 g de uvas pasas amarillas

Crema de chocolate blanco:
- 70 ml de nata líquida
- 10 g de esencia de vainilla
- 20 g de azúcar invertido
- 70 ml de leche evaporada sin azúcar
- 200 g de chocolate blanco
- 30 g de mantequilla derretida

Elaboración

Barra de cereales:

1. Encender el horno a 160 °C.

2. Hervir a fuego suave el azúcar con el sirope, el aceite y la sal.

3. En un bol, mezclar todas las semillas, las almendras y las frutas secas y verter encima la mezcla caliente, recién hervida.

4. Remover bien con una pala de madera o una espátula de goma.

5. Verter la mezcla en pequeños moldes rectangulares de silicona, del tamaño de las típicas barritas energéticas.

6. Introducir los moldes en el horno sobre una bandeja durante 40 min.

7. Sacarlos del horno y dejar enfriar las barritas antes de desmoldarlas.

Crema de chocolate blanco:

1. Hervir a fuego suave la nata con la esencia de vainilla.

2. En cuanto asomen los borbotones ligeros, apartar, tapar con un plato y dejar que infusione 10 min para que la mezcla coja gusto.

3. Pasado ese tiempo, añadir el azúcar invertido y la leche evaporada a la nata aromatizada, volviéndola a hervir suavemente.

4. Colocar en un bol el chocolate y la mantequilla y fundir la mezcla a potencia media en tandas de 30 segundos en el microondas.

5. Verter lentamente la primera preparación bien caliente sobre el chocolate fundido.

6. Triturar con un batidor de mano a la máxima potencia, creando un remolino desde el centro hacia fuera.

Acabado y presentación

- Preparar un baño de agua con hielo, sumergir el bol de la preparación y continuar batiendo para enfriar y mantener la emulsión.

- Una vez descienda la temperatura a 35 °C y espese la mezcla, colocarla en pequeños tarros que mantendremos bien cubiertos y en un lugar seco y resguardado de la luz.

- Acompañar las barras de cereales con la crema para untar de chocolate blanco.

TRUCO

Podemos sustituir los frutos y las frutas secas por otras de nuestro gusto, como pistachos, avellanas, dátiles, lino, sésamo, amapola o incluso frutas escarchadas como el melón, las guindas o la naranja.

BIZCOCHO TIERNO DE COCO

n.º de comensales: 4

Ingredientes

- 225 ml de claras de huevo
- 125 g de azúcar
- un pellizco de sal
- 110 g de azúcar en polvo
- 60 g de harina de repostería
- 110 g de coco rallado
- 25 g de mantequilla fundida

Elaboración

1. Encender el horno a 180 °C.

2. Forrar un molde clásico de bizcocho con mantequilla derretida y papel sulfurizado, utilizando una brocha y unas tijeras para recortar el papel que irá al fondo en forma de circunferencia y una banda ancha para las paredes.

3. En un bol amplio, colocar las claras con el azúcar y un pellizco de sal, accionando la potencia media para montarlas a punto de nieve bien firme.

4. Levantando la batidora, la mezcla hará picos. Ese será el punto deseado.

5. Sobre una hoja de papel sulfurizado, tamizar el azúcar en polvo y la harina, incorporando el coco rallado.

6. Con ayuda de una lengua de goma, ir incorporando los sólidos sobre las claras montadas, de manera envolvente y girando el bol para que la mezcla se integre perfectamente.

7. Una vez terminado, verter delicadamente la mantequilla derretida y menear un poco más para que se incorpore a la preparación.

Acabado y presentación

- Verter la mezcla en el interior del molde.

- Golpear el molde contra la mesa delicadamente para que la masa se asiente por igual.

- Hornearlo por espacio de 15 min.

- Pasado ese tiempo, sacarlo y dejarlo en la encimera de la cocina hasta que se enfríe.

- Desmoldarlo, retirándole el papel sulfurizado, y espolvorearlo con una pizca más de coco rallado y azúcar en polvo..

TRUCO

Este bizcocho es una base extraordinaria para montar tartas o pasteles de varias capas, emborrachando la masa con un jarabe aromatizado e intercalándole un chantillí o una crema pastelera o diplomática.

COPA DE CÍTRICOS

n.º de comensales: 4

Ingredientes

Mermelada de mandarina:
- 3 mandarinas
- 30 ml de zumo de limón
- 2 g de pectina

Confitado de cítricos:
- 500 ml de agua
- 100 g de zumo de limón
- 500 g de azúcar
- 1 pomelo en cuartos
- 1 naranja en cuartos
- 1 limón en cuartos

Granizado de amargo:
- 50 ml de agua mineral
- 20 g de azúcar
- 50 ml de zumo de limón
- 50 ml de zumo de naranja
- 60 ml de amargo

Gelatina de cítricos:
- 100 ml de agua
- 40 ml de zumo de limón
- 10 g de azúcar
- la piel de ½ limón rallada
- la piel de ½ lima rallada
- la piel de ½ naranja rallada
- la piel de ½ pomelo rallada
- 7 g de gelatina

Además:
- los gajos limpios de 2 limones, 2 pomelos y 2 naranjas

Elaboración

Mermelada de mandarina:

1. En una olla con agua ligeramente salada, cocer las mandarinas a fuego suave durante 30 min.

2. Con ayuda de un cuchillo, comprobar que las mandarinas están tiernas.

3. Con ayuda de un túrmix, triturarlas junto con el zumo de limón y la pectina, dejando trozos grandes.

4. Devolver la olla al fuego unos 5 min hasta que todo tome textura de compota y reservarla en la nevera.

Confitado de cítricos:

1. Hacer un almíbar hirviendo el agua, el azúcar y el zumo de limón.

2. Aparte, desde agua fría con sal, blanquear 3 veces el limón, el pomelo y la naranja.

3. A la tercera vez, poner los cuartos de todos los cítricos a cocer en el almíbar durante 90 min a fuego suave.

Granizado de amargo:

1. Calentar el agua a 50 °C.

2. Añadir el azúcar, mezclar bien y verter los zumos y el amargo.

3. Reservar en el congelador.

Gelatina de cítricos:

1. Calentar en una olla todos los ingredientes a 70 °C , tapar e infusionar en la nevera 12 horas.

2. Devolver la olla al fuego, llegar a 50 °C, incorporar la gelatina y dejar gelificar en la nevera.

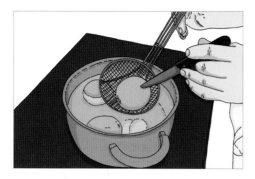 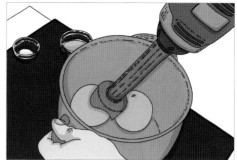

 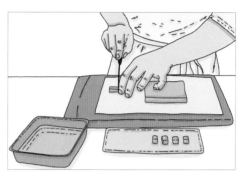

Acabado y presentación

- En una copa, depositar una cucharada generosa de mermelada de mandarina.

- Encima colocar los cítricos confitados cortados en triángulos. También los gajos de limón, pomelo y naranja.

- Repartir la gelatina cortada en dados gruesos y rallar el granizado con las púas de un tenedor, para colocarlo generosamente en el mismo centro.

TRUCO

Terminar el postre con una buena cucharada de helado que contraste, como de manzana verde, menta, hierbaluisa o cáscara de limón. Podemos sustituir la mermelada de mandarina por una comercial de naranjas de buena calidad.

BABÁ INFUSIONADO CON LECHE, RON Y HELADO

n.º de comensales: 4

Ingredientes

Brioche:
- 1 kg de harina
- 600 g de huevo
- 40 g de levadura prensada desmenuzada
- 380 g de mantequilla fría en dados
- 100 g de azúcar
- 20 g de sal

Infusión de ron:
- 500 ml de nata
- 500 ml de leche
- 100 g de azúcar
- 50 ml de ron añejo
- 1 vaina de vainilla

Helado de nata:
- 70 g de glucosa
- 550 g de azúcar
- 1 litro de nata
- 500 ml de leche

Elaboración

Brioche:

1. Sobre la encimera de la mesa, o con ayuda de una amasadora, mezclar todos los ingredientes excepto la mantequilla.

2. Amasar durante 10 min o hasta que se despegue de las paredes del bol o de las manos.

3. Añadir la mantequilla en dados, poco a poco, de forma que se vaya integrando en la masa.

4. Una vez incorporada, amasar hasta conseguir que la masa, separada con las manos, forme una telilla transparente muy fina.

5. Hacer pequeñas bolas de 30 g de peso y colocarlas de tres en tres en pequeños moldes rectangulares de silicona.

6. Una vez estén todos los moldes llenos, fermentarlos a 38-40 °C durante 2 horas, bien cubiertos con un paño.

7. Pasadas las 2 horas, pintar con ayuda de una brocha la superficie de la masa fermentada con huevo batido, mezclado con una pizca de agua, y hornear los brioches a 180 °C durante 6 min aprox.

8. Desmoldarlos y dejarlos enfriar sobre una rejilla.

Infusión de ron:

1. Mezclar todos los ingredientes y arrimar a fuego suave hasta que comiencen los borbotones ligeros.

2. Apartar del fuego y dejar que temple, bien tapado para que se empape de aromas.

Helado de nata:

1. Poner la glucosa y el azúcar en un cazo a fuego muy suave y calentar.

2. Triturar con un túrmix y pasar por un colador fino, añadiendo el resto de ingredientes, mezclando y dejando madurar la mezcla un par de horas antes de montar el helado en la sorbetera.

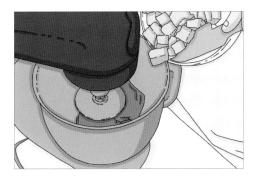

Acabado y presentación

- Remojar los babás en la infusión durante un par de horas, para que se empapen bien, dándoles la vuelta con frecuencia para que chupen bien el remojado.

- Montar la crema del helado en la sorbetera, siguiendo las instrucciones del fabricante para lograr un helado cremoso.

- Cortar el babá empapado en 3 trozos y colocarlo en el plato, acompañándolo con helado recién hecho.

TRUCO

Si no tenemos tiempo de hacer el helado, podemos comprarlo en los «valencianos» de la esquina. Y si nos da pereza arrancarnos con la masa de brioche, también podemos remojar el babá en bollos suizos de calidad, adquiridos en un buen obrador.

TORRIJA DE ZANAHORIA, CALABAZA Y VAINILLA

n.º de comensales: 4

Ingredientes

Brioche:
- 1 kg de harina
- 20 g de sal
- 100 g de azúcar
- 50 g de levadura prensada
- 14 huevos
- 600 g de mantequilla

Baño:
- 200 ml de zumo licuado de zanahoria
- 200 ml de nata
- 100 g de yema de huevo
- 1 vaina de vainilla

Franchipán:
- 100 g de mantequilla blanda
- 140 g de azúcar en polvo
- 160 g de harina de almendra
- 100 g de yema de huevo
- 80 ml de zumo licuado de zanahoria

Granizado de zanahoria:
- 500 ml de zumo licuado de zanahoria
- 1 g de cola de pescado remojada en agua
- 40 g de azúcar
- 3 g de sal

Elaboración

Brioche:

1. Meter en la cuba de una amasadora la harina con la levadura desmenuzada, la sal y el azúcar y mezclar con el gancho.

2. Añadir la mantequilla blanda y los huevos de 2 en 2, para ir integrándolos en la masa poco a poco.

3. Meter la mezcla hecha una bola en un molde, previamente untado con mantequilla y espolvoreado con harina, y cocerlo al vapor, haciendo una masa *choux*.

4. Meter la mezcla en un molde encamisado con papel y cocerlo al vapor a 100 °C, durante 45 min aprox. Si nuestro horno no tiene función de vapor, podemos colocar bajo la rejilla una bandeja con agua.

5. Una vez horneado, dejarlo enfriar y desmoldarlo, cortándolo en lingotes de 3 x 8 cm aprox.

Baño:

1. Abrir la vainilla en 2 y rascar los granos, colocándolos en un bol con el resto de los ingredientes.

2. Reservar en la nevera.

Franchipán:

1. Mezclar todos los ingredientes en un bol con unas varillas.

2. Reservar la masa resultante bien cubierta en la nevera.

Granizado de zanahoria:

1. Calentar ligeramente en el microondas el zumo de zanahoria y disolver en él el azúcar y la gelatina remojada para que se disuelva, con la ayuda de una varilla.

2. Volcar la mezcla en una bandeja profunda y dejar que se enfríe ligeramente en la nevera.

3. Cubrirla con papel film y meterla en el congelador para que endurezca.

 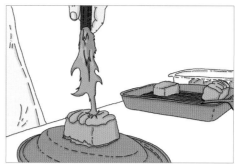

Acabado y presentación

- Remojar los lingotes de pan de brioche en el baño durante unos 10 min, dándoles vueltas delicadamente para que se empapen bien.

- Escurrirlos, pasarlos ligeramente por azúcar y dorarlos en una sartén antiadherente con una nuez de mantequilla, por todas sus caras, dejando que se doren bien. Si es necesario, añadimos más mantequilla en el transcurso de la cocción para que se tuesten bien.

- Escurrirlos, colocarlos en una bandeja y cubrirlos con la masa de franchipán espolvoreada de azúcar, para que con la llama de un soplete caramelice la superficie (si no tenemos un soplete, podemos hacerlo con un quemador eléctrico).

- Colocarlos en el plato y servirlos con un helado al gusto y el granizado de zanahoria, que obtendremos con las púas de un tenedor, rascando la superficie.

TRUCO

Si no queremos aventurarnos en la elaboración del brioche, podemos hacer la torrija empleando bollos de leche o cualquier tipo de bollería que compremos en nuestra pastelería de confianza. La masa de franchipán sobrante podemos congelarla para usos posteriores. También podemos aromatizar el granizado con cáscara rallada de naranja.

TEJA CRUJIENTE DE MIEL Y MOUSSE DE PLÁTANO

n.º de comensales: 4

Ingredientes

Teja crujiente de miel:
- 500 g de mantequilla
- 500 g de azúcar en polvo
- 500 ml de miel caliente
- 500 g de harina
- 150 ml de clara de huevo

Mousse de plátano:
- 7 plátanos maduros pelados
- 100 g de azúcar en polvo
- el zumo de 1 limón
- 100 g de mantequilla
- 6 hojas de gelatina
- 550 ml de nata montada

Elaboración

Teja crujiente de miel:

1. En un bol, mezclar la mantequilla con el azúcar en polvo y, cuando estén bien integrados, añadir la miel caliente, mezclando bien.

2. Tamizar la harina e incorporarla a esta masa, trabajándola hasta que quede bien lisa.

3. Por otro lado, en un bol, batir ligeramente las claras e incorporarlas a la masa, integrándolas perfectamente.

4. Guardar la masa en la nevera unas horas antes de hacer las galletas.

5. Cuando vayamos a hornearlas, hacerlo a 160 °C, estirando la masa en pequeñas porciones sobre un papel sulfurizado, bien espaciadas.

6. Hornear durante 7 min aprox.

7. Cuando estén doradas, despegarlas del papel y reservarlas en una caja herméticamente cerrada.

Mousse de plátano:

1. En un robot de cocina, añadir el plátano, el azúcar en polvo, el zumo de limón y triturar a la máxima potencia hasta obtener una crema lisa.

2. Reservarla en un bol.

3. A su vez, calentar la mantequilla y verterla sobre la mezcla, ayudándonos de una varilla.

4. Echar la gelatina previamente hidratada en agua y derretida en el microondas.

5. Añadir poco a poco la nata montada, con ayuda de una lengua que no se baje, haciendo movimientos envolventes de arriba abajo para que quede una mousse bien esponjosa y aérea.

6. Enfriarla en la nevera.

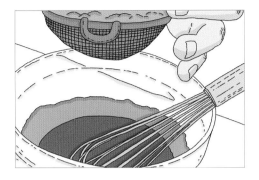
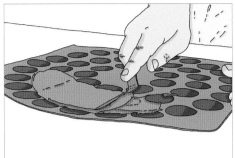

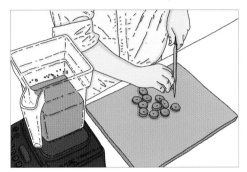

Acabado y presentación

- Colocar la mousse en boles, ayudados de una manga pastelera o, directamente, con ayuda de una cuchara.

- Rebanar un plátano maduro e intercalarlo entre la crema.

- Clavar las tejas de miel para que dé el contrapunto crujiente.

TRUCO

Para calentar la miel, podemos hacerlo sumergiendo el tarro en un baño maría durante unos minutos o, aún más sencillo, hacerlo en el microondas en posición de descongelación a potencia mínima, poco a poco, hasta conseguir que licúe y podamos manejarla con facilidad.

CREMA DE LIMA Y FRUTOS ROJOS

n.º de comensales: 4

Ingredientes

Merengue italiano:
- 200 g de azúcar
- 55 ml de agua
- 120 ml de clara de huevo
- 55 g de azúcar

Piel de limón confitada:
- 1 lima
- 100 g de azúcar
- 100 ml de agua

Mousse de lima:
- 3 hojas de gelatina
- 250 ml de zumo de lima
- 30 g de azúcar
- 1 cucharada de piel de limón confitada picada
- 400 g de merengue italiano
- 400 ml de nata montada

Merengue francés:
- 250 ml de clara de huevo
- 250 g de azúcar
- 250 g de azúcar en polvo

Frutos rojos:
- 20 g de mantequilla
- 3 fresas
- 6 arándanos
- 4 frambuesas
- 15 g de azúcar moreno

Además:
- mousse de limón
- frutos rojos
- merengue francés seco

Elaboración

Merengue italiano:

1. Mezclar los 200 g de azúcar y el agua en un cazo a fuego suave. Cuando la mezcla esté a 112 °C, comenzar a montar las claras con unas varillas.

2. Una vez estén las claras esponjosas, añadir los 55 g de azúcar.

3. Con la mezcla ya a 121 °C, comenzar a añadir el almíbar caliente sobre la mezcla de claras y azúcar, poco a poco y sin dejar de batir para que se vayan montando.

4. Una vez todo el almíbar se haya incorporado, seguir montando el merengue hasta que pierda calor y quede bien firme.

Piel de limón confitada:

1. Con ayuda de una puntilla, sacar de arriba abajo las pieles al limón, retirando la parte blanca amarga.

2. Sumergir las pieles en agua y arrimar al fuego hasta que hiervan. Escurrirlas y repetir la misma operación 2 veces más.

3. Meter las pieles en el agua, añadir el azúcar y confitar cerca de 1 hora a fuego muy suave, con un hervor imperceptible.

Mousse de lima:

1. Mezclar la gelatina deshecha suavemente al fuego con el zumo de lima, el azúcar y la piel confitada.

2. Una vez integrado, incorporar el merengue italiano, con movimientos envolventes y con ayuda de una lengua.

3. Finalmente, mezclarlo delicadamente con la nata montada. Enfriar la mousse.

Merengue francés:

1. Echar 50 g del azúcar a los 250 ml de clara de huevo y comenzar a batir con unas varillas.

2. A medio montar, incorporar 25 g más de azúcar y, cuando vayamos a terminarlo y el merengue haga picos, rematar con los últimos 175 g de azúcar.

3. Con ayuda de una espátula de goma, integrar el azúcar en polvo al merengue ya montado, poco a poco y en forma de lluvia.

4. Una vez terminado, estirar una capa fina sobre una bandeja de horno con papel sulfurizado y dejarlo a 100 °C durante 20-30 min, o hasta que esté bien seco.

Frutos rojos:

1. Poner la mantequilla a fundir en una sartén a fuego medio. Añadir los frutos y darles un par de vueltas sin ser muy brusco, ya que no queremos romperlos.

2. Añadir el azúcar y dejar que se funda. Retirar a una bandeja y reservar.

 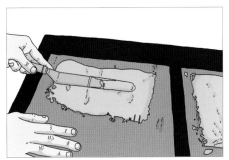

Acabado y presentación

- Sobre un plato hondo, disponer un par de cucharadas de mousse de limón sobre la que ordenadamente esparciremos los frutos rojos cocinados.

- Terminar con unos trozos de merengue seco y roto. Decorar con unas hojas frescas de menta.

TRUCO

Podemos sustituir la lima por otros cítricos, como el pomelo, la mandarina, la naranja sanguina o la clementina.

MANZANA ASADA CON HELADO DE YOGUR Y BIZCOCHO

n.º de comensales: 4

Ingredientes

Manzana:
- 4 manzanas tipo reineta
- ¼ de vaina de vainilla
- 30 g de azúcar

Sablé:
- 90 g de mantequilla
- 35 g de azúcar en polvo
- una pizca de sal
- 80 g de harina

Bizcocho:
- 200 ml de huevo batido
- 60 g de harina de almendra
- 90 g de harina
- 100 ml de zumo de manzana licuada

Helado de yogur:
- 375 g de yogur tipo griego
- 300 ml de almíbar base (100 ml de glucosa, 100 g de azúcar tipo mascabado y 100 ml de agua)

Elaboración

Manzana:

1. Descorazonar las manzanas y pelarlas, ponerlas sobre un plato y rellenar el hueco con el azúcar y la vainilla.

2. Tapar bien con papel film e introducirlaso en el microondas a la máxima potencia durante 1 minuto y medio, hasta que queden bien cocinadas.

3. Dejar que se templen sin levantar el papel para que con el vapor terminen de cocinarse bien.

Sablé:

1. Precalentar el horno a 180 °C.

2. Tamizar el azúcar en polvo y la harina.

3. Mezclar con la mantequilla y la sal.

4. Estirar la masa sobre un papel de horno lo más regular y fina posible, y hornear para que quede bien dorada.

Bizcocho:

1. Triturar todos los ingredientes en el vaso de una batidora a máxima velocidad e introducir la masa en un sifón con 2 cargas.

2. Dejar reposar 1 hora en la nevera.

3. Coger vasos de plástico de pícnic y agujerearlos por debajo.

4. Rellenarlos con 2 cm aprox. de masa del sifón e introducirlos en el microondas durante 30 segundos.

5. Sacarlos y enfriarlos boca abajo.

6. Desmoldarlos y romper el bizcocho en trozos grandes.

Helado de yogur:

1. Hervir los ingredientes para el almíbar y dejarlo enfriar.

2. En el vaso de una batidora, mezclar el yogur con el almíbar e introducir la mezcla en una sorbetera, siguiendo las instrucciones del fabricante para obtener un helado cremoso.

 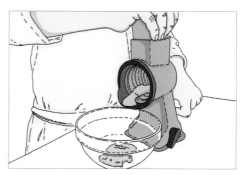

Acabado y presentación

- Sobre un plato, colocar media manzana aún tibia y rodearla con los trozos de bizcocho.

- Colocar encima una bola de helado de yogur y espolvorear la galleta sablé hecha migas con ayuda de un rallador.

TRUCO

La clave del postre es la cocción de la manzana. El resto de los elementos pueden comprarse si resultan demasiado laboriosos: el helado en el valenciano más cercano, y el bizcocho en la pastelería de confianza. También podemos evitar hacer la galleta y susitituirla por las que desayunamos habitualmente.

NOUGATINA CON MOUSSE DE CIRUELAS PASAS Y HELADO DE YOGUR

n.º de comensales: 4

Ingredientes

Pasta sublime:
- 520 g de harina
- ½ cucharadita de sal
- 120 g de azúcar
- 30 g de levadura en polvo
- 300 g de mantequilla
- 125 ml de nata líquida
- 2 yemas de huevo

Nougatina de pasta sublime:
- 500 g de azúcar
- 500 g de pasta sublime picada

Merengue italiano:
- 255 g de azúcar
- 55 ml de agua
- 120 ml de claras de huevo

Mousse de ciruelas pasas:
- 50 ml de armañac
- 300 g de ciruelas pasas deshuesadas
- 1 hoja de gelatina
- 250 g de merengue italiano
- 250 ml de nata montada

Helado de yogur:
- 200 ml de nata líquida
- 100 g de leche en polvo
- 100 g de glucosa
- 120 g de azúcar
- 1 kg de yogur natural

Elaboración

Pasta sublime:

1. Colocar todos los ingredientes en el bol de una amasadora y amasar hasta que se integren perfectamente y todo tome aspecto de una masa de galletas. Dejar reposar en la nevera un buen rato para que se asiente.

2. Estirar la masa sobre un papel sulfurizado y hornearla a 190 °C hasta que se dore.

3. Una vez fría, picarla a cuchillo y reservarla.

Nougatina de pasta sublime:

1. En una olla, hacer un caramelo sin agua, añadiendo el azúcar poco a poco y en forma de lluvia según va dorándose.

2. Una vez hecho, incorporar la pasta sublime picada y remover.

3. Retirar la mezcla del fuego y verterla caliente entre 2 láminas de silicona o de papel sulfurizado, estirando con un rodillo para formar láminas lo más finas posible.

4. Antes de que se enfríen, marcar rectángulos con el canto de un cuchillo para que se partan por ahí cuando las vayamos a necesitar.

Merengue italiano:

1. Colocar 200 g de azúcar con el agua en un cazo pequeño a fuego suave.

2. Cuando la mezcla llegue a 112 °C, comenzar a montar las claras en el bol de una batidora. En el momento que empiecen a espumar, añadir los 55 g de azúcar restantes.

3. Cuando el almíbar alcance los 121 °C, las claras estarán bastante firmes y es el momento de ir añadiendo en hilo muy fino y muy poco a poco el almíbar caliente, batiendo sin cesar.

4. Una vez incorporado, seguir batiendo hasta que el merengue se enfríe completamente.

Mousse de ciruelas pasas:

1. Remojar las ciruelas en el armañac durante 10 min.

2. Escurrirlas y triturarlas en una batidora para formar un puré liso, que colaremos a continuación. Arrimar una parte de este puré a fuego muy suave e incorporarle la gelatina remojada en agua y escurrida. Una vez bien mezclada, añadirle el puré restante.

3. Para finalizar, mezclar la crema de ciruelas con el merengue y la nata montada con movimientos envolventes para que quede bien esponjosa, cremosa y aérea. Reservarla en frío, bien cubierta.

Helado de yogur:

1. Colocar a fuego muy suave la nata y la leche en polvo hasta que alcance los 50 °C. Entonces, añadir el azúcar y la glucosa.

2. Bien mezclado, añadir el yogur, triturar con un túrmix y colar. Meter la crema en una mantecadora de helados hasta que resulte un helado bien cremoso.

 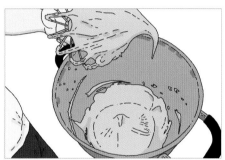

Acabado y presentación

- Intercalar la crema de ciruelas entre las hojas crujientes de nougatina, formando pequeños milhojas de 3 pisos de altura.

- Acompañar con el helado cremoso de yogur.

TRUCO

Para que las láminas finas de nougatina no se ablanden, hay un truco: almacenarlas en una caja hermética, puestas sobre papel y gel de sílice, que absorbe la humedad y las mantiene crujientes.

TAZA CUAJADA DE TURRÓN

n.º de comensales: 4

Ingredientes

- 14 yemas de huevo
- 500 g de pasta de turrón de Jijona
- 1,4 litros de nata líquida
- 500 ml de leche
- sal

Elaboración

1. Precalentar el horno a 120 °C .

2. Montar las yemas en un bol con la ayuda de una batidora de varilla.

3. Mientras, arrimar a fuego suave la leche y la nata con una pizca de sal y, cuando arranque el hervor, verter la preparación caliente sobre la pasta de turrón, colocada en el fondo de un bol amplio.

4. Remover bien la mezcla para que la pasta de turrón se deshaga por acción del calor, meneando con una cuchara de madera o unas varillas.

5. Cuando la mezcla esté templada, echarla sobre las yemas e integrarla bien.

6. Preparar un baño maría con papel de periódico debajo, para que los recipientes de porcelana no toquen el fondo y la cocción sea más uniforme.

7. Verter la crema en recipientes individuales, dejando poco menos de 1 cm por debajo del borde superior del recipiente.

8. Colocarlos en el baño maría, verter agua caliente con precaución para que no entre en las cremas y hornear durante 30 min aprox.

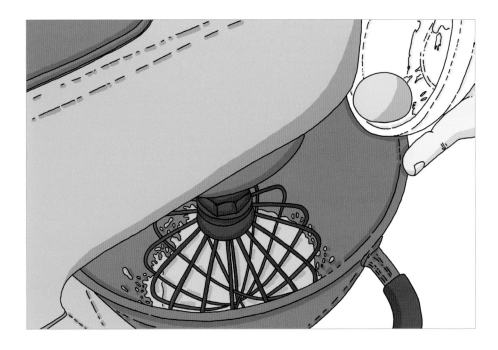

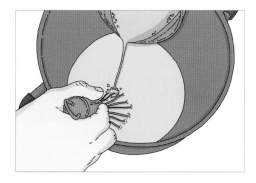
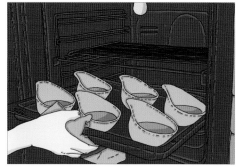
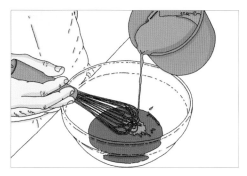

Acabado y presentación

- Pasado ese tiempo, sacar las cremas del horno y dejarlas enfriar sobre la mesa de la cocina, sin sacarlas del baño maría.

- Una vez frías, meterlas en la nevera bien tapadas con papel plástico tipo film.

- Para disfrutarlas, sacarlas de la nevera al menos 20 min antes de comerlas, para que no estén demasiado frías y aflore mejor el sabor.

TRUCO

Para disfrutar el doble de este postre extraordinario, espolvorear la superficie de las cremas con merengue seco roto con las manos, galletas de mantequilla desmigajadas o incluso con un poco de turrón de Jijona desmenuzado.

PANNA COTTA DE VAINILLA Y PASIÓN

n.º de comensales: 4

Ingredientes

Panna cotta:
- ½ vaina de vainilla
- 500 ml de nata líquida
- 60 g de azúcar
- 2 hojas de gelatina

Caramelo:
- 60 g de azúcar
- ½ vaina de vainilla
- 50 ml de zumo de naranja
- 50 ml de zumo de fruta de la pasión
- 50 ml de agua

Elaboración

Panna cotta:

1. Sobre una tabla, abrir la vainilla a lo largo con ayuda de un cuchillo pequeño, rascando todos los granos de su interior.

2. Añadirlos junto con la vaina en el fondo de un cazo y cubrir con la nata y el azúcar, arrimando a fuego muy suave hasta que empiecen los borbotones ligeros.

3. Tapar con un plato o con papel film y dejar que repose unos 15 min.

4. Colar la mezcla, pasarla a una jarra y añadir la gelatina, previamente remojada en agua fría y escurrida.

5. Mezclar bien con una varilla, sin agitar para que no se formen burbujas.

6. Verter la mezcla en 4 pequeños boles o vasos individuales de cristal y dejar que cuaje en la nevera por espacio de 1 hora.

Caramelo:

1. En una cacerola, poner el azúcar y la media vaina de vainilla abierta y raspada.

2. Fundir a fuego muy suave, para que no se queme, y convertirlo en un caramelo rubio.

3. Bajar el fuego al mínimo y añadir el zumo de fruta de la pasión, el agua caliente y el zumo de naranja muy poco a poco, sin dejar de remover con una varilla, para que se unifique el caramelo.

4. Dar un hervor rápido y colar el caramelo para evitar impurezas, dejándolo enfriar completamente a temperatura ambiente.

Acabado y presentación

- Una vez frías las panna cottas, sacarlas de la nevera un rato antes de comerlas, para que ganen un poco de temperatura y estén más sabrosas.

- Cubrirlas ligeramente con una fina película de caramelo, extendido con una cuchara, como si de miel se tratara.

- Adornar la superficie con menta fresca, cáscara de naranja o unos cilindros de merengue seco.

TRUCO

Para que las panna cottas no cojan gustos extraños en la nevera, conviene cubrirlas con papel film cuando las dejemos cuajar al fresco.

«Para viajar lejos no hay mejor nave que un libro».

Emily Dickinson

Gracias por tu lectura de este libro.

En **penguinlibros.club** encontrarás las mejores
recomendaciones de lectura.

Únete a nuestra comunidad y viaja con nosotros.

penguinlibros.club